Daniel Müksch

Boris Becker

Immer wieder aufstehen

Daniel Müksch

Boris Becker

Immer wieder aufstehen

VERLAG DIE WERKSTATT

Inhaltsverzeichnis

Vorwort ... 7

Prolog ... 17

FIRST SET

Tag für Tag in die „Jugo-Schule“ ... 24

Es war einmal in Biberach ... 31

Dann macht es „Mama Güntzi“ halt ... 38

Der Urknall ... 45

SECOND SET

Mach’s noch einmal Bobbele – Unstoppable Bum-Bum ... 54

Mentalitätsmonster? Jahrhunderttalent?
Oder nur hochsensibel? ... 60

21 magische Tage im Oktober 1986 ... 69

Keine Lust mehr auf „Mama Güntzi“ ... 72

Australische Sehnsucht und schwedische Träume ... 80

1991: Ganz oben und der Feind in meinem Wohnzimmer ... 86

Die große Liebe und eine goldene Zweckgemeinschaft ... 93

Hilfe aus Österreich ... 103

Schmutzige Rache, Hochzeitsglocken
und der neue Boris ohne Ion ... 110

THIRD SET

Der lange Abschied ... 122

Vom Center Court in die „Besenkammer“ ... 127

Wie war es, gegen Boris Becker zu spielen? ... 135

Die heile Welt zerfällt ... 141

Gute Freunde – schlechte Freunde ... 150

Mallorquinisches Kartenhaus ... 154

Von der Fliegenklatsche zur Wiederauferstehung ... 160

Dunkle Wolken, ein satter „Djoker“ und ein Tennis-Guru ... 172

FOURTH SET

Verzockt ... 182

The Last Dance ... 191

FIFTH SET

Jenseits von Afrika. Dolce Vita.
Und ein dänischer Rotzlöffel ... 202

… und es werde Licht ... 211

Die Glaskugel ... 215

Zeit, Danke zu sagen ... 218

Zum Autor ... 221

Für Justus, Josefine und Carl

Vorwort

Alf oder Boris Becker? Das ist die Frage an diesem sonnigen Juni-Tag, der 22. im Jahr 1992. Im ZDF läuft in wenigen Minuten die neue „Alf"-Folge. Auf diese US-Sitcom können meine Uroma Lissi, zu diesem Zeitpunkt stolze 86 Jahre alt, und ich uns eigentlich immer einigen. Als 11-Jähriger finde ich es traumhaft, wenn der knuffige Außerirdische vom Planeten Melmac mit seinen kurzen Beinen über den Bildschirm flitzt und das Leben der Familie Tanner in einem Vorort von Los Angeles auf den Kopf stellt. Meine Uroma findet es traumhaft, Zeit mit ihrem Urenkel zu verbringen – das hoffe ich jedenfalls – und dieses orange Etwas aus dem All hat es ihr allerdings auch angetan. Ich liege dann in der Regel auf dem Boden direkt vor dem Fernseher. Natürlich viel zu nah am Bildschirm, finden meine Eltern. Wenn meine Mutter durch das Zimmer läuft, höre ich nur: „Nicht zu nah am Fernsehen. Das ist schlecht für deine Augen!" Uroma Lissi ist das egal. Sie sitzt schräg hinter mir in ihren beigegrauen Stoffsessel vertieft. Manchmal ist sie so vertieft in ihren Sessel, dass ich nur ein leises Schnarchen von hinten höre. Doch an diesem Tag, an diesem sonnigen Montag, ist sie hellwach. Und nervös. Bis heute habe ich keinen blassen Schimmer, woher sie es weiß, aber kurz nach dem „Alf"-Vorspann fragt sie: „Spielt heute nicht der Boris?"

Ja, der Boris spielt heute. Erste Runde in Wimbledon. Gegen den Italiener Omar Camporese.

Zunächst denke ich, sie will sich bei mir einschleimen. Sie weiß schließlich nur allzu gut, wie wichtig ihrem Urenkel

Tennis ist. Jedes Mal, wenn ich mit meiner Mutter aus unserem winzigen Dorf Eitra zu ihr in das nicht ganz so winzige Dorf Lispenhausen in Osthessen fahre, ist mein Tennisschläger dabei. Stundenlang schlage ich Bälle gegen das Tor der Werkstatthalle meines Opas auf dem Hof. Wenn nicht gerade „Alf" im Fernsehen läuft.

Gegen Boris Becker hat Alf-Protagonist Gordon Shumway heute allerdings keine Chance. Lissi und ich schalten ein bisschen umher, suchen den übertragenden Sender. 1992 dauert das nicht so lange. Die Auswahl an Fernsehsendern ist begrenzt. Wir werden fündig. RTL, Sendeplatz acht. Hier schlägt Boris Becker gegen Omar Camporese auf. Und jetzt sind meine Uroma und ich live dabei. Wir sagen nicht viel – und wenn, dann brummelt meine Oma ein bisschen vor sich hin. An einen Satz kann mich aber noch erinnern: „Das sieht so einfach aus …"

Boris erledigt seine Pflichtaufgabe gegen Camporese an diesem Tag ohne Probleme. Mit 7:5, 6:3, 7:5 zieht er in die nächste Runde ein. Zugegeben: Das Ergebnis hatte ich nicht mehr im Kopf. Ich musste es nachschauen. Etwas anderes ist mir aber noch sehr präsent. Als Boris mit 2:0-Sätzen führt und alles auf einen Sieg des Deutschen hinausläuft, fragt mich meine Uroma Lissi: „Junge, hast du wieder deinen Tennisschläger dabei?" „Klar, der liegt vorne. Direkt neben der Halle."

Nach dem Boris-Spiel schaffen wir es sogar noch für eine paar Minuten, uns der neuen „Alf"-Folge zu widmen. „Parasit mit Puderquaste" – eine traumhafte Folge. Auch das musste ich nachschauen. Als ich allerdings wieder mal kurz in die Folge hineingesehen habe, wie Alf als Kosmetik-Vertreter die klamme Haushaltskasse der Tanners aufbessern möchte, war es binnen Sekunden um mich geschehen. Er kriegt mich halt immer wieder, dieser kleine Außerirdische. Doch das ist eine andere Geschichte.

In Lispenhausen suchen meine Mutter, meine Schwester und ich im Juni 1992 unseren Kram zusammen. Ab nach Hause. Zurück nach Eitra, gut 20 Kilometer von Lispenhausen entfernt. Aber was ist dieser dumpfe, immer wiederkehrende Knall? Bum. Bum. Pause. Dann wieder. Bum. Bum. Pause. Bum. Bum.

Das kommt doch von draußen. Von der Halle. Meine Schwester und ich laufen raus und sehen unsere Uroma Lissi. Sie steht mit dem Schläger vor dem Tor der Werkstatthalle auf dem Hof und versucht, den Ball gegen das Tor zu schlagen. Mehr als zweimal nacheinander trifft sie den Ball jedoch nicht. Als sie meine Schwester und mich sieht, sagt sie direkt zu uns: „Das gibt es doch nicht! Beim Boris sieht das so einfach aus!" Meine Mutter kommt mit dem Autoschlüssel in der Hand dazu und ist sicher: Jetzt ist Lissi endgültig verrückt geworden! Ich dagegen bin begeistert. Eine Uroma, die „Alf" schaut und danach mit 86 Jahren zum ersten Mal den Tennisschläger schwingt.

Dieser Tag sagt viel über meine Uroma Lissi aus. Aber dieser Tag sagt auch viel über den Tennisspieler Boris Becker aus. Über seine Größe. Seine Bedeutung. Seine Wirkung. Auf die Tenniswelt. Ein ganzes Land. Und eine 86-jährige Frau in Lispenhausen – und ihren Urenkel.

In den nächsten Jahren begegnet mir Boris Becker immer wieder. Nicht nur im Fernsehen. Meine Uroma hat ja recht. Tennis ist mir in der Tat sehr wichtig. Ich spiele nicht nur gegen das Tor der Werkstatthalle in Lispenhausen. Anfang der 90er-Jahre trainiere ich bereits mehrfach die Woche und spiele einige Turniere. Zunächst hauptsächlich auf regionaler Ebene. Und mit den Jahren werden die Turniere größer. Aus Kreismeisterschaften werden Bezirksmeisterschaften sowie daraufhin Hessische Meisterschaften. Dort laufen mir dann auf den Turnieren andere Talente wie Rainer Schüttler oder

Andrea Petkovic über den Weg. Es sind die Jahre, in denen der DaimlerChrysler-Konzern sehr aktiv ist im deutschen Jugendtennis. 1997 ruft der Autohersteller gemeinsam mit Boris Becker das Mercedes Junior Team ins Leben. Mit dem wenig zurückhaltenden Ziel, den neuen Boris Becker zu finden. Die Karriere Beckers neigt sich da mit 30 Jahren so langsam dem Ende entgegen. Zu aufwendig für seinen Körper war seine Spielweise. Daher braucht Tennis-Deutschland Nachschub. Einen neuen Boris. Jährlich 1,5 Mio. Mark investiert der Automobilkonzern. Hauptamtliche Betreuer sind der ehemalige Frauen-Bundestrainer Klaus Hofsäss und der bayrische Verbandstrainer Klaus Langenbach.

Anfangs ist man sich nicht ganz im Klaren, wie groß man das Mercedes Junior Team anlegen will. Wie viele Talente man darin aufnehmen soll. Einig ist man sich dagegen, dass es nur eine männliche Variante des Teams geben wird. Daher erhalten auserwählte (männliche) Nachwuchsspieler die Möglichkeit, an Turnieren teilzunehmen, bei denen man sich für das Junior Team qualifizieren kann. Und bei einigen Veranstaltungen ist auch Boris Becker vor Ort. Auch bei einem Sichtungsturnier, an dem ich teilnehmen darf. Man kommt ihm dabei zwar nicht besonders nahe, aber mir reicht es schon, dass es vielleicht sogar mit ein bisschen Glück so war, dass Boris ein paar Schläge von mir beobachtet hat.

Schnell wird jedoch klar, dass es für mich nicht reichen wird, da das Mercedes Junior Team doch klein gehalten werden soll und lediglich einem sehr elitären Kreis vorbehalten bleibt. Mit dem 20-jährigen Nicolas Kiefer und dem 22 Jahre alten Alex Rădulescu sind gar zwei Spieler dabei, die den Talentstatus streng genommen schon überwunden haben und bereits Erfahrungen auf der ATP-Tour sammeln konnten. Dazu kommen mit Björn Phau, Boris Bachert und Daniel Leßke noch drei jüngere Spieler. Wirklich eine kleine illustre Runde. Jedenfalls ist kein Platz mehr für mich.

Aber immerhin konnte ich Boris Becker mal etwas näher sehen – ist ja auch schon mal was. Aber bald komme ich ihm richtig nahe. Der Sparkasse Bad Hersfeld-Rotenburg sei Dank.

Es ist das Jahr 1998. Für das ATP-Turnier in Halle (Westfalen) hat mein Vater als Leiter der Innenrevision der Sparkasse unserer Kleinstadt Karten von seinem Chef bekommen. Der wusste, dass der Sohn seines Kollegen tennisverrückt ist. Also setzen Vater und Sohn sich ins Auto Richtung Halle.

Die Karten haben es in sich: Es ist die Rundum-sorglos-Behandlung. Mit Parkplatz direkt vor der Anlage, Bändchen für das Zelt der VIP-Gäste und einem Gourmet-Buffet, das keine Wünsche offenlässt. Es ist auch das erste Mal, das ich merke: So richtig viel mit Sport hat so manche Sportveranstaltung nicht zu tun.

Ebenfalls im Paket enthalten: Logen-Plätze auf dem Center-Court des Gerry-Weber-Stadions. Auf dem Rasen kämpft an jenem Tag der Deutsche Marc-Kevin Goellner gegen den Tschechen Petr Korda um Weltranglisten-Punkte. Doch das wird schnell zur Nebensache. Plötzlich merke ich, wie das Publikum unruhig wird. Um uns herum bauen sich drei Bodyguards auf. Beim nächsten Seitenwechsel ist es so weit.

Boris Becker marschiert in die Arena. Er setzt sich direkt in die Box neben uns. Der Schiedsrichter versucht, das Publikum zu beruhigen. Bittet mehrmals um Ruhe, damit Goellner und Korda weiterspielen können – vergeblich. Von der Tribüne schreit plötzlich eine Frau, dass ihre kleine Tochter an Leukämie erkrankt sei und nur einmal noch Boris Becker treffen wolle. Boris verzieht keine Miene. Ich bekomme aber mit, wie er einen der Bodyguards zu sich zieht und ihm sagt, er solle die Frau zum VIP-Zelt bringen.

Nach ein paar Spielen will Boris schon wieder gehen und den Center Court verlassen. Aber auch das ist nicht so einfach. Er muss seinen Begleitern zeitig Bescheid geben, dass er den Platz verlassen will, damit er auch gehen darf. Es dauert mindestens 20 Minuten, bis er von der Security grünes Licht erhält und den Platz verlassen darf.

Vorher schlägt aber noch meine große Stunde. Ich will noch ein Autogramm von Boris. Ich habe aber nie im Leben damit gerechnet, Boris so nahezukommen. Er spielte ja selbst noch mit im Turnier, ist aber in der ersten Runde bereits ausgeschieden. Worauf soll er nun unterschreiben?

Als Boris aufsteht, schnappe ich mir meine Eintrittskarte und reiche sie ihm. Ohne Stift. Den hat aber einer seiner Bodyguards in seiner Tasche. Er reicht ihn Boris, der unterschreibt, und diese Karte hängt fortan noch jahrelang bei meinen Eltern. Zunächst in meinem Zimmer, später bei meinem Vater im Büro.

Danach verliere ich Boris Becker für einige Jahre aus den Augen. Er beendet seine Karriere und entschließt sich, für einige Jahre fast ausschließlich im Boulevard aufzutauchen. Besenkammer, Scheidung, Steuerprozess: Der Start in das neue Jahrtausend ist für Boris Becker wenig schmeichelhaft. Boris verschwindet kurz aus meinem Leben, der Sport bleibt. Für Reichtum, Ruhm und Ehre ein Leben lang reicht es bei mir zwar nicht, dennoch hoffe ich, irgendwie im Sport arbeiten zu können und studiere Sportwissenschaften in Göttingen. Schritt für Schritt wage ich mich in den Journalismus und erfahre schnell, hier wird mich Boris Becker wieder beschäftigen. Die Kombination aus sportlicher Größe, skurrilen Geschichten und tragischen Abstürzen bieten sonst wenige deutsche Stars –

erst recht im Sport. Nun kann man darüber streiten, ob Boris Becker oder der siebenfache Formel-1-Weltmeister Michael Schumacher sportlich einen größeren Fußabdruck hinterlassen hat, aber unstrittig sollte sein, dass Boris mit mehr Konstanz und Frequenz die Titelseiten gefüllt hat.

Für das Nachrichtenmagazin „Focus" treffe ich Boris zu mehreren Interviews. Es ist die Zeit, in der zur Absprache vorab gehört, dass Boulevard-Themen außen vor bleiben. Ein Interview mit ihm im Jahr 2010 ist mir besonders in Erinnerung. „Hotel de Rome" in Berlin. Sein damaliger Berater Peter Lauterbach hat für uns ein Separee in der Bar geblockt.

Es ist ein angenehmes Gespräch. Boris gefällt es, dass er mit jemanden spricht, der auch etwas von Tennis versteht. Er erklärt mir, warum sich die Generation nach ihm so schwertut. Besonders die deutsche. Tommy Haas und Nicolas Kiefer deuten in diesen Jahren immer wieder an, dass sie alle Schläge draufhaben, um ganz nach oben zu kommen. Beide rangieren zwischenzeitlich auf Platz zwei der Weltrangliste. Für ganz oben und die ganz großen Titel reicht es allerdings nicht.

Doch auch in dem Separee im „Hotel de Rome" fallen mir die Nebengeräusche auf, die es auslöst, Boris Becker zu sein. Boris füllt auch aus der Nische den Raum, ist der Mittelpunkt der Aufmerksamkeit. Drei Frauen laufen immer wieder an uns vorbei. Zwei stecken ihm einen Zettel zu. Darauf steht nichts außer einer Handynummer. Boris gibt sich cool. Das wäre normal, würde ständig passieren. Inzwischen hätte er aber kein Interesse mehr an solchen Angeboten. Schließlich hat er auch vor gut einem Jahr seine zweite Frau Lilly geheiratet.

Wir verabschieden uns freundlich. Ich bleibe noch kurz und checke aufgeregt, ob die Aufnahme auch funktioniert hat. Es gibt nichts Schlimmeres, als nach einem Interview festzustellen, dass nichts von dem Gespräch seinen Weg zum Aufnahmegerät gefunden hat. Hat es aber diesmal. Beim Verlassen der Bar schaue ich noch einmal ins Rund, und wen sehe ich da? Boris beim angeregten Plausch mit zwei der um ihn herumscharwenzelnden Damen. Alle drei mit einem Glas Champagner in der Hand. Der Schlagzeilen-Lieferant ist ständig im Einsatz.

In seiner Funktion als Academy Member der Laureus Sports Awards treffe ich ihn in den nächsten Jahren immer wieder. Kein leichtes Unterfangen. Abermals sind keine privaten Fragen erwünscht, ich arbeite inzwischen allerdings für „Bunte", und das Boulevard-Magazin aus München interessiert eigentlich nur private Fragen. Persönlich und als Tennis-Fan habe ich jedoch durchaus sportliche Fragen an Boris. Wir befinden uns in der Phase, in der er als Trainer den serbischen Superstar Novak Djokovic übernimmt. Eine von den meisten nicht für möglich gehaltene Erfolgsgeschichte. So plaudere ich mit Boris über seine Arbeit mit dem „Djoker", finde es superspannend und aufschlussreich, muss meiner Chefredakteurin allerdings schon bald erklären, warum er nichts zu angeblichen Eheproblemen, Pleitegerüchten und dem Dauerstreit mit Oliver Pocher gesagt hat.

Als ich den Boulevard verlasse, kann ich mich den Themen über Boris Becker widmen, die mich wirklich interessieren. Für Podcasts, Artikel und Interviewrunden spreche ich mit zahlreichen langjährigen Freunden, die Boris zum Teil vom ersten Tag seines Tennislebens an begleitet haben. Genauso berichten mir Ex-Trainer, Verbandsfunktionäre, Profikollegen und Teamkameraden, was das Talent Boris Becker so besonders macht, warum es am Anfang allerdings auch gar nicht so einfach zu erkennen war und wie es zu Fehleinschätzungen seines Potenzials kommen konnte – zumindest aus heutiger Sicht. Es sind meist wohlwollende Gespräche, in denen die Augen meines Gegenübers leuchten, wenn sie über Boris Becker als Teil ihres Lebens erzählen.

Aber es gibt auch eine andere Seite.

Freunde, Experten, Begleiter, Kritiker, Anwälte, die Boris in den dunklen Stunden erlebt haben. Und die seinen Umgang mit Rückschlägen genau beobachtet und in dieser Zeit oft den Zugang zu ihm verloren haben. All diese Interviews, Gespräche, Begegnungen, Beobachtungen sind in dieses Buch eingeflossen.

„UNSERE GRÖSSTE SCHWÄCHE IST DAS AUFGEBEN."

Thomas Edison

Prolog
Das ist hier ist nicht Hollywood

Robert Balboa Junior ist verzweifelt. Er hat das Gefühl, alles geht schon wieder von vorne los. Dass Menschen sich mit ihm nur wegen seines berühmten Vaters beschäftigen, dem mehrfachen Schwergewichtsweltmeister Rocky Balboa. Dem hat das Leben in den letzten Jahren ordentlich zugesetzt: Seine geliebte Frau Adrian ist an Krebs gestorben. Rocky hat fast sein gesamtes Vermögen verloren. In seinem alten Viertel in Philadelphia besitzt und betreibt er jetzt das „Adrian's". Ein kleines italienisches Restaurant, das seine verstorbene Frau 1995 eröffnet hat. Er kommt gerade so über die Runden. Schlägt sich durch. Nun will er es aber noch mal wissen.

In einer Computersimulation spuckt die Künstliche Intelligenz Rocky als Sieger eines Kampfes zwischen ihm und dem amtierenden Weltmeister im Schwergewicht, Mason „The Line" Dixon, aus. Dieser virtuelle Kampf löst eine heftige öffentliche Diskussion aus. Seien wir doch mal ehrlich: Rocky hätte überhaupt keine Chance gegen Dixon. Damals nicht. Und heute als

60-jähriger Box-Opa schon gar nicht – so der allgemeine Tenor. Vom Ehrgeiz gepackt, willigt Rocky in einen Schaukampf gegen Dixon ein – und mit einem Schlag steht er wieder im breiten Licht der Öffentlichkeit, was seinem Sohn Robert Jr. gar nicht gefällt. In ihm kommen plötzlich alte Dämonen wieder hoch. Dabei hat er sich doch gerade etwas freigeschwommen, emanzipiert von der Legende rund um seinen berühmten Vater.

Mit 29 Jahren arbeitet er als erfolgreicher Finanzberater bei einer großen Investmentfirma. Seine Kolleginnen und Kollegen interessieren sich kaum für seinen Nachnamen. Bis Rocky Balboa mit einem Kampf der Generationen plötzlich wieder in allen Medien auftaucht. Da sind sie wieder – Roberts Schatten der Vergangenheit. Robert, der in den letzten Jahren nur noch wenig Kontakt zu seinem Vater hatte, besucht Rocky im „Adrian's" und bittet um ein Gespräch. Vater und Sohn gehen vor die Tür. Ohne großes Vorgeplänkel kommt Robert sofort aus der Deckung. Er bittet, ja fleht seinen Vater an, den Kampf gegen den viel jüngeren Dixon abzusagen. Um sich, aber vor allem auch ihn nicht lächerlich zu machen. Aufgeben als letztes Mittel zur Schadensbegrenzung.

Rocky atmet einmal tief durch. Blickt seinem Sohn in die Augen. Er zeigt Robert, wie er als Baby auf seinen Unterarm gepasst hat und legt los:

„Ich habe dich hochgenommen und zu deiner Mutter gesagt, der Kleine wird mal der beste Junge der Welt. Der Kleine wird mal so gut, wie es noch niemand vor ihm war. Und du bist groß geworden, hast dich prima entwickelt. Es war großartig, das mit anzusehen. Jeder Tag war ein besonderes Geschenk. Die Zeit verging und plötzlich warst du ein Mann. Du musstest dich der Welt stellen, das hast du getan. Aber irgendwo unterwegs hast du dich verändert. Du hast aufgehört, du selbst zu sein. Du lässt zu, dass man mit dem Finger auf dich zeigt und dir sagt, dass du zu nichts taugst. Und wenn es hart auf hart kommt, willst du die Schuld dafür auf andere schieben – einen großen Schatten."

Kurze Pause. Dann das Finale: „Ich werde dir jetzt was sagen, was du schon längst weißt. Die Welt besteht nicht nur aus Sonnenschein und Regenbogen. Sie ist oft ein gemeiner und hässlicher Ort. Und es ist mir egal, wie stark du bist. Sie wird dich in die Knie zwingen. Dich zermalmen, wenn du es zulässt. Du und ich – und auch sonst keiner – kann so hart zuschlagen wie das Leben. Aber der Punkt ist nicht der, wie hart einer zuschlagen kann. Es zählt bloß, wie viele Schläge er einstecken kann! Und ob er trotzdem weitermacht! Wie viel man einstecken kann und trotzdem weitermacht. Nur so gewinnt man. Wenn du weißt, was du wert bist, dann geh hin und hol es dir. Aber nur, wenn du bereit bist, die Schläge einzustecken. Aber zeig nicht mit dem Finger auf andere und sag, du bist nicht da, wo du hin wolltest wegen ihm oder wegen ihr. Oder sonst jemandem. Schwächlinge tun das – und das bist du nicht. Du bist besser. Ich werde dich immer lieben, egal was. Egal was passiert. Du bist mein Sohn, und du bist mein Blut. Du bist das Beste in meinem Leben. Aber wenn du nicht anfängst an dich zu glauben, dann hast du kein Leben."

Hier sind wir in Hollywood. Und wie der 60-jährige Rocky Balboa dann in einem epischen Kampf dem Weltmeister tatsächlich Paroli bietet und nur denkbar knapp in einer Split-Entscheidung der Kampfrichter verliert – nennen wir es mal künstlerische Freiheit.

Aber Hollywood schafft es durchaus auch in den realen Sport auf höchstem Niveau.

Im August 2009 versucht ein junger Trainer namens Thomas Tuchel seine Spieler vor dem Anpfiff besonders zu motivieren.

Tuchel hat den Bundesliga-Aufsteiger FSV Mainz 05 gerade übernommen und trifft am 3. Spieltag auf den übermächtig scheinenden FC Bayern München. Stille nach der taktischen Ansprache Tuchels in der Kabine. Licht aus. Video an. Es läuft die Rede von Tony D'Amato, gespielt von Al Pacino, aus „Any Given Sunday" („An jedem verdammten Sonntag"). In dem Football-Film beschwört der etwas in die Jahre gekommene Coach D'Amato sein krisengeschütteltes Team der Miami Sharks, füreinander einzustehen und für das eine gemeinsame Ziel zu kämpfen: den Sieg. Mit Erfolg. Die Sharks stürmen aus der Kabine und holen sich den Sieg. Genau wie der FSV Mainz 05. 2:1 gewinnt das Team des gerade einmal 36-jährigen Trainerneulings Thomas Tuchel an diesem 3. Spieltag der Saison 2009/10 gegen Bayern München.

Freilich handelt es sich hierbei um eine Mannschaftssportart. Doch eine Sache verbindet die Ansprache von Rocky Balboa an seinen Sohn und die Motivationsrede von Al Pacino an die Miami Sharks: Es geht um das Überwinden von Widerständen. Das Aufstehen nach Misserfolgen. Den Glauben an sich und die eigene Stärke. Und letztlich um die Sehnsucht nach Erfolg.

Genau darum geht es auch in diesem Buch. Heute findet man die sportlichen Erfolge von Boris Becker in den Geschichtsbüchern des Sports. Jüngster Wimbledon-Sieger aller Zeiten. Nummer eins der Tennis-Weltrangliste. Sechsfacher Grand-Slam-Champion. Was man in dieser Aufzählung jedoch nicht findet: die Rückschläge, die Boris Becker auf seinem Weg in die sportliche Unsterblichkeit hinnehmen musste. Von denen gibt es viele. Sie beginnen schon als er ein Kind war, das seine ersten Schläge macht. Rückstände, Niederlagen, Verletzungen, Spott, Häme – all diese Widerstände musste er überwinden, um voranzukommen, um sich – frei nach Rocky Balboa – das zu holen, was er sich „wert“ ist.

Apropos Rocky Balboa: Der Hollywood-Star bietet nicht nur vor der Kamera Stoff für den Glauben an die eigene Stärke. Als er 1975 als erfolgloser Schauspieler in seinen Endzwanzigern das Drehbuch für den ersten Teil der Rocky-Saga schreibt und es an verschiedene Produzenten schickt, sind diese begeistert. Sie wollen den Stoff des Underdog-Boxers aus Philadelphia unbedingt auf die Leinwand bringen. Ihre einzige Bedingung: Nicht Autor und Erfinder Sylvester Stallone soll die Rolle des Rocky Balboa spielen. Sie wollen auf ein bekanntes Hollywood-Gesicht setzen. Ryan O'Neal oder James Caan scheinen für die Studios die bessere Wahl. Bis 300.000 US-Dollar bieten Produzenten Stallone für das Drehbuch, wenn er auf die Hauptrolle verzichtet. Stallone verzichtet nicht. Er denkt gar nicht daran. Weil er sich sicher ist: Das ist die Rolle meines Lebens. Ich oder keiner.

Schließlich einigt sich Stallone mit der Filmproduktionsgesellschaft „United Artists“. Der Vertrag sieht vor, dass Stallone die Hauptrolle spielen darf, aber lediglich ein Honorar von 20.000 US-Dollar erhält. Dafür wird er jedoch prozentual mit zehn Prozent am Einspielergebnis beteiligt. Ein sicherer Deal für Stallone. Am Erfolg von „Rocky“ hat er keinen Zweifel. 1977 wird „Rocky“ für zehn Oscars nominiert und gewinnt drei. Stallone ist erst der dritte Filmschaffende, der sowohl als Hauptdarsteller als auch als Drehbuchautor nominiert ist.

Immer wieder aufstehen und nicht aufgeben. So lautet die Maxime für Rocky Balboa und für Sylvester Stallone.

Und für Boris Becker erst recht.

FIRST SET

Tag für Tag in die „Jugo-Schule“

Die Geschichte von Boris Becker beginnt in Leimen. Eine deutsche Kleinstadt in Baden-Württemberg mit knapp über 20.000 Einwohnern, rund sieben Kilometer von Heidelberg entfernt.

In der Nußlocher Straße wächst Boris Becker am Stadtrand von Leimen in einem zweckmäßigen Mehrfamilienhaus auf. Der wichtigste Zweck ist dabei der Lebensunterhalt für die Familie. In demselben Haus liegt das Architekturbüro seines Vaters. „Karl-Heinz Becker Büro für Planung u. Bauleitung“ weist ein Schild zu dem Eingang des Büros um die Ecke. Karl-Heinz Becker ist ein bodenständiger Architekt. Er plant keine Prachtbauten, sondern eher praktische Gebäude. Eben genau so welche, die er selbst mit seiner Familie in der Nußlocher Straße bewohnt. Mutter Elvira ist auf den ersten Blick „nur“ Hausfrau und Mutter. Doch das „nur“ ist schon zu damaliger Zeit eine Diffamierung. In Wahrheit ist sie dreifach beschäftigt. Hausfrau, Mutter, Assistentin. Sie ist für den Schriftverkehr, die Abrechnungen, die Termine ihres Mannes zuständig. Boris hat noch eine vier Jahre ältere Schwester – Sabine. Klassische deutsche Mittelschicht Ende der 60er-, Anfang der 70er-Jahre.

Doch das Ehepaar Becker hat ein Problem: den Bewegungsdrang ihres Sohns Boris. Schwimmen, Fahrradfahren, Fußball – egal, mit was Elvira und Karl-Heinz ihren Sohn beschäftigen, er wird einfach nicht müde. Sie selbst haben seit einigen Jahren auch ein sportliches Hobby für sich entdeckt. Sie spielen gerne Tennis. Dafür verabreden sie sich am liebsten mit Freunden beim örtlichen Tennisverein BW Leimen. Damit sie aber auch wirklich zum Tennisspielen kommen und nicht einen Babysitter oder andere Aufpasser für den kleinen Boris organisieren müssen, nehmen sie den kleinen nimmermüden Boris oft einfach mit. Damit sich dieser dort nicht langweilt, drückt ihm Vater Karl-Heinz einen Tennisschläger in die Hand. Einen Holzschläger für Erwachsene, den er von einem Kunden geschenkt bekommen hat. Der ist viel zu groß für den kleinen Boris, der zu diesem Zeitpunkt zwischen fünf und sechs Jahre alt ist. So ganz genau weiß das heute niemand mehr. Was man jedoch noch genau weiß: Vater Becker, ganz der pragmatische Architekt, sägt einfach ein Stück vom Griff des zu großen Schlägers für seinen Sohn ab, damit der Schläger dem Kleinen wenigstens etwas besser in der Hand liegt.

Der abgesägte Schläger aus Holz wird zu einem treuen Begleiter von Boris. Seine Eltern sind nicht mehr nur zum Tennisspielen auf der Anlage des BW Leimen. Sie haben bald auch viele geschäftliche Termine, Ortsbegehungen in der Jahnstraße 1. Architekt Karl-Heinz Becker soll die Integration eines Leistungszentrums des Nordbadischen Tennisverbands in die Klubanlage planen. Drei Hallenplätze sollen zunächst für den Verband hinzugefügt werden. Bei den Vor-Ort-Terminen ist Boris oft im Schlepptau seiner Eltern. Und wenn er dann doch mal vermisst wird, muss man sich keine Sorgen machen. Jeder weiß: Der kleine Boris ist hinten an der Ballwand, schlägt einen Ball nach dem anderen gegen die grüne Betonmauer, auf der mit einem weißen Strich das Netz markiert ist. Hin und wieder steht er auch mit Schwester Sabine auf einem der Sandplätze. Sabine verliert allerdings nach einigen Stunden schon mal die Lust an der damals noch weißen Filzkugel. Boris nicht. Er macht einfach allein an der Ballwand weiter. Die Ausdauer und das Talent des Jungen fallen eines Tages Bekannten der Beckers in der Jahnstraße auf.

Für sie ist die Lage eindeutig. Dieser Junge muss mal bei einem Turnier aufschlagen oder wenigstens mal bei einem Trainer vorspielen. Davon können sie auch die Eltern von Boris überzeugen. 1976 melden sie Boris bei BW Leimen als Mitglied eines Tennisvereins an, und er darf nun, nachdem alle bürokratischen Kriterien erfüllt sind, auch bei Jugendturnieren antreten. Und Boris macht keine halben Sachen. Bei seinem ersten Turnier geht er gleich als Sieger vom Platz. Genauso beim nächsten. Das Talente-Ranking um Leimen muss schnell neu geschrieben werden. Im Jahrgang 1967 ist Boris Becker schnell ganz oben. Nun meint es das Schicksal zum ersten Mal gut mit Boris. Dank der Erfolge bei seinen ersten Jugendturnieren wird auch der Nordbadische Tennisverband auf ihn aufmerksam. Er taucht als förderungswürdiges Talent in den Ordnern der Tennisbürokratie auf. Allerdings ist Familie Becker davon gar nicht so begeistert, geschweige denn haben Karl-Heinz und Elvira die Zeit, sich neben der Selbstständigkeit auch noch um ein so zeitintensives Hobby ihres Sohnes zu kümmern. Tochter Sabine ist schließlich auch noch da. Keine guten Aussichten für das gerade entdeckte Tennistalent. Eigentlich.

Boris wird in den Kader der besten Nachwuchsspieler des Badischen Tennisverbandes berufen. Und das neue Leistungszentrum des Verbandes liegt wo? Genau. In Leimen. 1977 wird der von Karl-Heinz Becker geplante Bau eröffnet. Wie praktisch. Boris kann dort mit dem Fahrrad hinkommen und raubt den Eltern so wenig Zeit von der Selbstständigen-Uhr wie nur möglich.

So gelangt Boris in die Förderung des Verbandes und kann diese auch wahrnehmen. Es ist eine illustre Runde, die in Leimen zusammentrifft. Da ist zunächst der Landestrainer: Boris Breskvar. Der Arztsohn aus Slowenien studiert in seiner Heimat zunächst Medizin, bevor er auf die Sporthochschule wechselt und dort sein Diplom ablegt. Breskvar spielt auch selbst sehr gut Tennis. Er schlägt beispielsweise gemeinsam mit Niki Pilić im Davis Cup für Jugoslawien auf.

Boris Breskvar verkörpert alles, was in einer Mischung aus Respekt und etwas Abstand als „alte Jugo-Schule“ verstanden wird. Nicht nur im Tennis, sondern in vielen anderen Sportarten hat sich der Begriff bis heute gehalten. Besonders in Ballsportarten wie Handball oder Basketball – aber auch im Tennis. Damit gemeint ist eine Trainingslehre, die sehr viel Wert auf Disziplin legt, sich aber auf moderne Sportwissenschaft bezieht und dem Erfolg so gut wie alles unterordnet. Und ganz entscheidend: Es wird schon in jungen Jahren unter professionellen Bedingungen trainiert. Mit dieser Philosophie führt auch Boris Breskvar in Leimen seine Talente. Ob ein anderer auch diesen positiven Einfluss auf die jungen Sportlerinnen und Sportler gehabt hätte? Womöglich. Den Gegenbeweis kann man nicht mehr antreten. Breskvar jedenfalls ist für Boris Becker genau der richtige Mann, am richtigen Ort, zur richtigen Zeit.

In der gleichen Trainingsgruppe wie der junge Boris befindet sich auch Udo Riglewski. Er ist Jahrgang 1966, damit ein Jahr älter als Boris. Eigentlich spielen sie damit in unterschiedlichen Altersklassen. Boris ist allerdings schnell so gut, dass er in der höheren Altersklasse, also der von Riglewski antritt.

Riglewski wird in Lauffen am Neckar geboren, eine knappe Stunde mit dem Auto von Leimen entfernt. Er kann nicht mit dem Fahrrad zum Leistungszentrum. Ihn müssen seine Eltern stets im Auto hin- und herfahren. Die Logistik für Talente stellt einen nicht zu unterschätzenden Faktor dar. Gerade am Anfang, wenn Eltern und Trainer nicht so genau wissen, wo die Reise des Nachwuchses hingeht und wo sie womöglich endet. Daher sagt Riglewski heute: „Hätte das Leistungszentrum in Karlsruhe gestanden, hätte es den Tennisstar Boris Becker niemals so gegeben." Einen typischen Trainingstag mit Boris Breskvar in Leimen beschreibt Riglewski so: „Um 15 Uhr ging es los. Wir hatten alle vorher noch Schule. Aber dann hieß es: Drei Stunden volle Power Training. In der ersten Stunde wurden ein paar Übungen aus dem Korb gespielt. Danach gab es Matches gegeneinander. Dann zum Abschluss noch eine Stunde Fußball. Da sind dann Tag für Tag die Fetzen geflogen. Am Ende hat einer gejubelt, einer geflucht und einer geheult. Wir haben uns jeden Tag bis aufs Blut bekriegt. Dann hieß es bei mir ab ins Auto, bei Boris ab aufs Fahrrad – und nach Hause. Und am nächsten Tag ging es genauso weiter. Wer das jeden Tag überstanden hat, dem konnten Spiele gegen andere Kinder bei den Bezirks- oder Badischen Meisterschaften nichts mehr anhaben."

Breskvar trainiert aber nicht nur Jungs. Auch Mädchen gehören zu seinem Leistungskader. Darunter ein in Brühl lebendes Mädchen, das zwei Jahre jünger als Boris Becker ist und auf den Namen Stefanie Maria Graf hört. Doch schon damals nennen sie alle nur „Steffi". Für so manchen kurz vor der Pubertät stehenden Jungen ist Steffi die Höchststrafe. Daran kann sich auch Udo Riglewski noch erinnern: „Wenn du gegen einen Kumpel verloren hast, hat dich Breskvar schon mal zu Steffi geschickt und du musstest einen Satz gegen sie spielen. Und wenn du gegen Steffi auch noch einen Satz verloren hast, war der Tag aber mal so richtig gelaufen."

Manchmal sind die Tage in Leimen jedoch länger als gedacht. Überstunden sind angesagt: „Ganz klar war immer: Fußball spielen wir immer so lange, bis Boris Breskvar gewonnen hat. Da ist schon mal vorgekommen, dass, sobald es dunkel wurde, Autos um den Platz platziert und die Lichter eingeschaltet wurden, nur damit wir wirklich so lange kicken konnten, bis das Team von Boris Breskvar gewonnen hat.“ Alte Jugo-Schule eben.

Selbst als Kind merkt Udo Riglewski schnell, dass bei seinem Trainingskumpel Boris nicht unbedingt die Ausholbewegung, der Treffpunkt oder die Beinarbeit heraussticht. Dessen große Stärke ist vielmehr der Kopf. „Siegeswille und das Selbstbewusstsein waren bei Boris schon als Kind phänomenal. Er konnte sich total auf den nächsten Ballwechsel fokussieren. Das klingt erst mal nicht sehr spektakulär. Ist es aber. Gerade für Kinder, denen so unglaublich viel durch den Kopf schwirrt. Er hatte die Gabe, in schwierigen Situationen sehr einfach zu denken.“

Aber ist das eine Gabe, mit der man den Faktor Talent messen kann? Oder ist es eher die leichter messbare Fähigkeit, wie oft nacheinander der junge Boris den Vorhand-Cross ins Feld platzieren kann? Wie effizient er den Schwung bei der Vorhand ansetzt? Oder wie schnell er zu Stopp-Bällen von der Grundlinie aus ans Netz sprinten kann? Genau diese unterschiedliche Bewertung des Talentbegriffs führt zum ersten großen Rückschlag in der Tenniskarriere von Boris Becker. Ein Rückschlag, der bei ihm bis heute nachwirkenden Trotz bewirkt, der Beziehungen zerstört und Verbitterung auf allen Seiten hinterlässt.

Um das Szenario zu verstehen, muss man kurz hinter die Kulissen des Deutschen Tennisbundes und seines Fördersystems Ende der 1970er-Jahre blicken. Wobei: Eigentlich gibt es die gleiche Konstellation – manche mögen hier anstatt „Konstellation“ lieber das Wort „Problem“ einfügen – noch heute.

Das deutsche Tennis ist ein sehr föderalistisches System. Die einzelnen Verbände verfügen über viel Macht. Das bringt ihnen hinter den DTB-Kulissen schnell mal den Spitznamen „Regionalfürsten“ ein. So ist es heute – und es war zu Zeiten der Talentschmiede um Boris Becker in Leimen bereits so.

Es war einmal in Biberach

Die entscheidende Frage lautet: Wie förderungswürdig ist ein Talent? Ist er oder sie auf der Stufe eines Talents, das vom zuständigen Landesverband gefördert werden soll? Oder ein Talent, das noch eine Stufe darüber auf DTB-Ebene gefördert wird? Aus den unterschiedlichen Förderungen ergibt sich ein gewaltiger Unterschied. Als „Landes-Talent" läuft die Förderung so ab, wie sie Udo Riglewski anhand eines typischen Tages im Leistungszentrum Baden in Leimen beschrieben hat. Tägliches Training mit den besten Talenten der Region sowie gemeinsame Turnierfahrten zu Veranstaltungen in der Region. Mit der Chance, sich bei den Badischen Meisterschaften für die Deutschen Meisterschaften zu qualifizieren.

Auf DTB-Ebene ist alles eine Nummer größer und schon viel internationaler ausgerichtet. Man misst sich nicht nur mit den besten Spielerinnen und Spielern der Region oder des Landes, sondern tritt auch bei internationalen Jugendturnieren in Europa, teilweise auf der ganzen Welt, an. Dementsprechend wichtig für die Tenniszukunft ist die Entscheidung, zu welcher Gruppe man gehört. Wer in welche Förderung kommt, darüber entscheiden die Sichtungstage. Bei diesen Terminen spielen die Jungs und Mädchen der Landesleistungszentren an einem Tag den DTB-Trainern vor.

Ein solcher Tag ist der 7. Oktober 1976 in Biberach, gut 250 Kilometer südlich von Leimen gelegen. Im Oktober findet der

Sichtungstag auf einem schnellen Teppichbelag in der Halle statt. Aus dem Team von Breskvar sind einige Talente angereist. Udo Riglewski, Steffi Graf und auch Boris Becker. Nach Biberach reist an diesem Oktobertag auch DTB-Cheftrainer Richard Schönborn. Auch ein gewisser Günther Bosch ist vor Ort. Dort sieht Bosch zum ersten Mal den achtjährigen Boris Becker live Tennis spielen. Das Sagen hat allerdings sein Boss Richard Schönborn. Er füllt auch den Bogen zu Boris aus.

Auf dem Bewertungsbogen von Boris Becker findet sich alles fein säuberlich notiert:

Name und Vorname: Becker, Boris
Geburtsdatum: 22. November 1967
Gewicht: 35 kg
Größe: 140 cm
Spielt Tennis seit: 2 Jahren
Andere ausgeübte Sportarten: Ski

Soweit die Formalien. Danach kommen aber die Bemerkungen, die Boris Becker bis heute beschäftigen.

Vorhand; keine Schleife, steht zu frontal, gebeugter Ellenbogen, peitscht aus dem Handgelenk mit Unterarm
Rückhand: Dreht sich zu wenig, technisch besser als die VH. Rotiert, trifft den Ball in der Brusthöhe
Aufschlag: Kurzer Pendel, trifft den Ball nicht auf dem höchsten Punkt, hastiger Pendel.
Flugball: VH: Lockeres Handgelenk, Ausschwung zur L-Schulter
RH: klopft den Ball
Beinarbeit: beweglich

Allgemeine Bemerkungen: gutes Ballgefühl, bissig, geschickt, noch technische Mängel
Kondition: gut
Vorschlag zur Förderung: förderungswürdig auf VE, im nächsten Jahr Kontrolle

Da steht es. Schwarz auf weiß. Ganz am Ende: Förderungswürdig auf „VE", auf Verbandsebene. Damit ist klar, dass Boris Becker nicht die bestmögliche Förderung erfährt. Nicht die DTB-Privilegien genießt, sondern für Boris im nächsten Jahr die regionale Förderung des Badischen Tennisverbands vorgesehen ist. Eine Tragödie für den Achtjährigen. Er reist aus Biberach als durchgefallener Tennis-Jugendlicher ab.

Die Karriere von Boris Becker steckt im Oktober 1976 zwar noch in ihren Kinderschuhen, aber das Misstrauen Beckers gegenüber dem Deutschen Tennisbund und seinen Trainern hat hier seinen Ursprung.

Boris resigniert aber trotz der aus seiner Sicht mageren und falschen Beurteilung nicht, es spornt ihn sogar eher an. Er spielt mit noch mehr Ehrgeiz und Wut im Bauch als jemals zuvor. Die Kritik nimmt er sich aber durchaus zu Herzen. Er dehnt sich danach länger als alle anderen Trainingskollegen – keine Selbstverständlichkeit für ein Kind an der Schwelle zum Teenager. Da gehört ausführliches, geduldiges Dehnen nicht gerade zu den Lieblingsinhalten.

Allerdings ist das Urteil von Biberach nach den speziellen Verbandskriterien für viele Beobachter auf den ersten Blick nachvollziehbar. Auch für Udo Riglewski: „Natürlich hatte Boris damals nicht die perfekte Technik und Feinmotorik. Er hat es aber geschafft, mit seinem Willen an die Bälle heranzukommen. Das hätte man daher mit mehr Tennissachverstand schon sehen können. Günther Bosch hat das auch gesehen. Richard Schönborn nicht."

Um den Originalbogen aus Biberach vom 7. Oktober 1976 zu Gesicht zu bekommen, muss man nach Hannover-Langenhagen fahren, ein Vorort im Norden der niedersächsischen Landeshauptstadt. Hier wohnt Richard Schönborn mit seiner Frau. Schönborn, Jahrgang 1933, hat sein ganzes Leben im Keller seines Reihenhauses gelagert. Ordner auf Ordner. Aber er kennt sich hier aus und weiß genau, wo die entscheidenden Ordner zu finden sind. „Wir haben damals nach neuesten wissenschaftlichen Erkenntnissen gearbeitet", verteidigt er sich sofort, wenn die Sprache auf Boris Becker und seine Förderung kommt, „zusammen mit der Universität Heidelberg haben wir Übungen und ein System entworfen, das jedes Talent erkennt und bestmöglich fördert."

Es sei ja auch nur diese eine Herabstufung Beckers gewesen, betont Schönborn unverdrossen. Danach habe man Boris aus voller Überzeugung unterstützt. Schönborn rechnet vor: Über eine Mio. D-Mark habe der Verband für Boris ausgegeben. Bei einem Startrainer wie Nick Bollettieri, der seine Academy 1978 in Bradenton (Florida) gründete, wäre in diesem Zeitraum das x-Fache für die Förderung aufgelaufen.

Das Tischtuch zwischen Boris und Richard Schönborn ist allerdings damals wie heute zerschnitten. Für Boris Becker steht fest: Nicht dank, sondern trotz des DTB habe ich es in die Weltspitze geschafft. Das sagt der jüngste Wimbledon-Champion aller Zeiten über die Jahre auch immer wieder öffentlich. Diese Sätze von Boris kränken Richard Schönborn. Er fühlt sich in seiner Ehre angegriffen und hätte doch auch so gerne seinen Anteil an der Legendenwerdung von Boris Becker gehabt. Den hat er auch. Freilich gibt es in den Jahren nach Biberach Lehrgänge, Sichtungen und Turnierreisen, bei denen Schönborn an der Seite von Boris unterwegs ist. Fotos aus dieser Zeit lagern in einem weiteren Karton in seinem Keller in Hannover-Langenhagen. Schönborn kennt zu jedem der Fotos die Geschichte. Aber nach den Ereignissen bei dem Sichtungslehrgang in Biberach kommt er nicht mehr nah ran an Boris – ganz im Gegensatz zu seinem untergeordneten DTB-Trainerkollegen Günther Bosch.

Als sich Boris Becker zu seinem 50. Geburtstag in Interviews mal wieder über die mangelnde DTB-Förderung während seiner Jugendzeit beschwert, bricht es aus Richard Schönborn heraus. Er schreibt einen Brief an das Geburtstagskind, den die Tageszeitung „Welt“ veröffentlicht, hier ein Auszug:

„Und nun erlaubst Du Dir, öffentlich zu behaupten, dass Du in Deiner Jugendzeit keine Unterstützung, kein Training hattest? Wodurch bist Du dann mit 17 Jahren Wimbledonsieger geworden? Hat der liebe Gott Dich von heute auf morgen gesegnet? (…) Du bist abgehoben. Die Millionen, der dauernde Kontakt mit den Größen dieser Welt, das High-Society-Leben, die Huldigungen, das allgemeine Überbewerten Deiner Person und vieles mehr hat Dich dazu gemacht, was Du heute bist. Du hast Dich nie richtig eingeschätzt, Du bist abgehoben, bist größenwahnsinnig geworden, hast die Selbstkontrolle und realistische Selbsteinschätzung verloren. Du hast gedacht, nach dem Motto „too big to fail“ leben zu können. Nur wenige können die Rolle spielen, die sie sich selber zutrauen. Vor allem aber hast Du Deine Wurzeln verloren, alles Vorherige verbrannt und vergessen. Das ‚Danke‘ ist Dir abhandengekommen. Die Menschen, die Dir geholfen haben, so hochzukommen, kennst Du nicht mehr. Du grüßt sie bei einer Begegnung nicht. Du schätzt sie nicht.“

Auch heute steht Richard Schönborn noch zu jeder Zeile, die er im Jahr 2017 an Becker geschrieben hat. Die Verbitterung lagert in jeder einzelnen Kiste im Norden Hannovers. Hier redet er sich in Rage, wenn er erzählt, wie empört er gewesen sei, dass Boris Becker nicht zur Beerdigung von Boris Breskvar erschienen ist. Breskvar ist im Jahr 2012 nach langer Krankheit gestorben. Er musste sich schon 2007 mehreren Hirn-Operationen unterziehen, wobei ihm drei Tumore entfernt wurden. 2005 war der erste Hirn-Tumor bei ihm festgestellt worden. Auch wenn Boris nicht auf der Beerdigung war, äußert er sich 2012 zum Tod seines ehemaligen Trainers: „Es macht mich sehr traurig, vom Tod von Boris Breskvar zu hören. Er ist der Trainer, der mit Steffi Graf und mir gleich zwei deutsche Weltstars des Tennis entdeckt hat", sagt Becker der „Bild"-Zeitung. Eine Form der verbalen Würdigung, die von ihm für Richard Schönborn nicht zu erwarten ist.

Womöglich hat Richard Schönborn allerdings doch einen größeren Anteil an der Karriere von Boris Becker, als man denkt. Vielleicht kommt sein Einfluss nur durch die Hintertür, und die Ablehnung als Achtjähriger in Biberach hat eine derart gigantische Trotzreaktion bei Becker ausgelöst, die ihn stets auf dem Tennisplatz begleitet hat und durch die er überhaupt erst zu solch großen Leistungen in der Lage sein konnte.

Es gibt die Theorie, dass berühmte Personen eigentlich immer nur für ganz wenige Menschen auftreten – auch wenn sie vor einem Millionenpublikum singen, schauspielern oder Sport treiben. Zum Beispiel für den Lehrer, der immer vor der ganzen Klasse gesagt hat: Aus dir wird nie was! Oder für den ersten großen Schwarm, der sich für jemand anderes entschieden und damit ein in tausend Stücke zerbrochenes Herz hinterlassen hat. Prominente aus Showbiz, Sport und Entertainment berichten immer wieder von der Fokussierung auf diese ganz wenigen Personen, für die sie vor der Kamera stehen, einen Platz betreten oder sich ins Scheinwerferlicht stellen. Und genau diesen Menschen wollen sie es immer wieder beweisen, dass sie sich geirrt und eine schwerwiegende Fehleinschätzung getroffen haben.

Gut möglich, dass Boris Becker bei so manchem seiner legendären Matches auch an Richard Schönborn gedacht hat – und an Biberach im Oktober 1976. Wenn er mit diesem Gedanken ein enges Spiel noch drehen konnte, dann gibt es ihn doch: den Anteil Richard Schönborns an den sportlichen Erfolgen von Boris Becker.

Dann macht es „Mama Güntzi“ halt

Diese Spannungen zwischen Boris Becker, Richard Schönborn und dem gesamten Deutschen Tennisbund erlebt auch Günther Bosch hautnah. Als Boris Becker bei den nächsten Sichtungen nämlich in die DTB-Kategorie gehoben wird, bekommt Bosch die Aufgabe, eine Truppe der talentiertesten Spieler zusammenzustellen, für die er allein verantwortlich ist.

Aber wie ist Günther Bosch in Deutschland gelandet, und wie wurde er eine der prägenden Figuren im deutschen Tennis? 1974 setzt sich der ehemalige rumänische Davis-Cup-Spieler Günther Bosch – zu der Zeit Jugendtrainer des rumänischen Verbandes – nach einem Jugendturnier in Saarbrücken ab und steigt beim Deutschen Tennisbund zum Nachwuchs-Bundestrainer auf. Dass er gute Chancen hat, in Deutschland einen Job beim DTB zu bekommen, diese Signale hat er bei einigen Turnieren im Vorfeld bereits erhalten. Das Risiko für ihn war also überschaubar.

In der Funktion als DTB-Nachwuchstrainer reist Bosch Anfang der 80er-Jahre mit der Truppe um Boris Becker von Turnier zu Turnier. So erlebt Bosch den Teenager Boris nicht mehr nur punktuell an einem Sichtungstag, sondern über eine lange Zeit am Stück und vor allem in richtigen Wettkampfsituationen. Hier liegt auch ein Grund, warum das Verhältnis zwischen Boris und Richard Schönborn nie viel besser werden konnte. Man hat sich zu selten gesehen. War nicht in die tägliche gemeinsame Trainingsarbeit verwickelt. Ein Vertrauensverhältnis durch gegenseitigen Respekt auf dem Platz konnte sich so nie entwickeln.

In Leimen trainiert Becker zwar auch weiter unter Boris Breskvar, er ist der Mann für die tägliche Arbeit, mit Günther Bosch absolviert er aber viele Trainingslager und geht mit ihm auf Turnierreisen. Und Bosch sieht in den Matches und beim Training Fähigkeiten an Boris, die er bei keinem anderen seiner Schützlinge wahrnimmt. „Boris konnte sich unglaublich auf den Ball und seinen Gegner konzentrieren. Die meisten Jugendliche in dem Alter blödeln herum, sobald sie glauben, der Trainer ist nicht in Sichtweite, bekommt nicht mit, was passiert. Boris aber nicht. Er spielte konzentriert weiter. Egal ob der Trainer neben ihm stand oder nicht. Er wollte jede Übung perfekt machen. Keinen einzigen Punkt in Trainingsmatches verlieren“, sagt Bosch im Rückblick auf seine Anfänge mit Boris.

Zu den Spielern, die Bosch für seine Lehrgänge und Turnierreisen auswählt, gehört auch Udo Riglewski. Sie nehmen an vielen Mannschaftswettbewerben teil. Boris kristallisiert sich als Führungsspieler in der Truppe heraus. Er macht jetzt unglaubliche Leistungssprünge und setzt sich von anderen deutschen Talenten ab. „Einmal ist Boris vor Weihnachten zwei Wochen in den Skiurlaub gefahren und danach direkt bei den Badischen Meisterschaften der Herren an den Start gegangen“, erinnert sich Riglewski an die immer größer werdende sportliche Kluft zwischen ihm und Boris. „Er muss da 14 oder 15 gewesen sein. Ich dachte: Er hat zwei Wochen kein Tennis gespielt. Das kann nichts werden. Gerade für Jugendliche ist das eine Ewigkeit. Da waren Top-Ten-Spieler der deutschen Herrenrangliste am Start – der Herren! Was macht Boris? Der gewinnt das Turnier.

Dominiert seine Gegner mit seinem unglaublichen Aufschlag auf dem schnellen Teppich."

Bei Riglewski macht es Klick: „In diesem Moment habe ich das erste Mal gedacht: Der startet jetzt aber wirklich durch. Ich bin damals in der zweiten Runde ausgeschieden und war recht zufrieden. Aber wie Boris die Männer nach zwei Wochen Skiurlaub weggemacht hat, das war beeindruckend." Ein Zitat bleibt Trainingspartner Udo Riglewski besonders in Erinnerung: „Ich glaube, da war Boris 16 Jahre. Da hat er zu uns mal gesagt: ‚Wisst ihr, im Tennis gibt es nur zwei große BB's: Björn Borg und Boris Becker.' Das fand ich für einen 16-Jährigen schon erstaunlich, sich mit einer solchen Legende zu vergleichen. Er meinte das auch gar nicht im Spaß oder so. Wir haben noch auf die Auflösung oder Pointe gewartet. Da kam aber nichts. Das war seine Ansage – und fertig."

Es bleibt für Boris nicht bei regionalen Turniersiegen. Becker holt wenig später auch seine ersten Weltranglisten-Punkte. Bei der inoffiziellen Mannschafts-Weltmeisterschaft schlägt Becker den zwei Jahre älteren Emilio Sánchez, der in seiner Heimat Spanien als kommender Superstar gehandelt wird.

Der junge Leimener wird Schlag für Schlag zum Leistungssportler. Aber etwas anderes ist er auch noch: Schüler. Die Kombination aus Unterricht, Klassenarbeiten und dem Tennis wird für ihn und für seine Eltern immer schwieriger. Sein bodenständiger Vater hadert. Soll er wirklich alles auf eine Karte setzen und Boris früh von der Schule holen, damit er sich ausschließlich dem Sport widmen kann? Oder soll er doch zunächst auf einen soliden Schulabschluss seines Sohnes bestehen? Gerade für den vernunftbedachten Vater eine schwierige Entscheidung. Karl-Heinz Becker setzt sich mit dem Direktor des Helmholtz-Gymnasiums in Heidelberg zusammen. Man einigt sich, dass Boris nach der zehnten Klasse für zwei Jahre beurlaubt wird, um zu schauen, wie sich sein Tennis entwickelt.

Durchaus beachtlich, wie wir heute wissen.

Denn Boris spielt plötzlich in seiner eigenen Liga. Das merkt natürlich auch Günther Bosch. Er fasst den Plan, Boris an sich zu binden. Wie viel – auch wirtschaftliches – Kalkül dahintersteckt? Die Antworten auf diese Frage fallen unterschiedlich aus. Für Richard Schönborn ist das Abwerben durch Günther Bosch bis heute eine hinterlistige Intrige. Bosch selbst sieht es als Dienst an dem außergewöhnlichen Talent. „Ich habe ihn mir angeschaut und wusste genau: Der Junge hat das Zeug, das Tennis zu verändern. Zu der Zeit waren die Ballwechsel im Herrentennis an der Spitze zum Teil sehr lang. Spieler haben mit ihrer Kondition und Beharrlichkeit Matches und Turniere gewonnen. Mit seiner Power und Aggressivität konnte Boris diese Spieler ihrer Stärke berauben und die Punkte viel früher für sich entscheiden“, sagt Bosch heute zu seinem Plan, den jungen Boris allein und ohne Hilfe des DTB unter seine Fittiche zu nehmen.

Bosch sitzt oft bei Familie Becker zu Hause auf dem Sofa und versucht, die Eltern davon zu überzeugen, sich vom DTB loszusagen und die Förderung ihres Sohnes ganz ihm zu überlassen. Vor allem Mutter Elvira ist sich allerdings unsicher, ob ihr Sohn schon so weit ist, weitgehend selbstständig durch das Leben zu gehen. Beim Verband gibt es doch viele Personen, die den Talenten viel abnehmen. Bosch versichert, dass er diese Aufgaben im Auge hat.

Und Bosch hat noch ein Ass im Ärmel. Einen früheren Davis-Cup-Kollegen aus Rumänien, der sich in der Tennis- und Geschäftswelt bestens auskennt: Ion Tiriac. Bosch und Tiriac stammen aus derselben Region in Rumänien. Aus Kronstadt in Siebenbürgen. Sie wohnen in ihrer Kindheit nur wenige Häuser voneinander entfernt. Das schweißt zusammen, schafft Vertrauen.

Als Bosch seinem alten Freund Tiriac immer wieder von diesem jungen Deutschen mit den blonden Haaren vorschwärmt, schaut sich Tiriac diesen wenigstens mal an. Einmal in Monte Carlo und einmal in Hamburg. Auch Tiriac erkennt noch Schwächen im Spiel des jungen Deutschen, vor allem bei der Beinarbeit, sein Wille und die Power überzeugen Tiriac jedoch letztlich. Er will mit Boris zusammenarbeiten. So sitzt auch Tiriac bald auf dem Sofa der Familie Becker in der Nußlocher Straße in Leimen. Allerdings fährt Tiriac nicht mit einem Rolls Royce vor, wie Günter Bosch klarstellt: „Das war ein Ford, der Rolls-Royce war eine Erfindung der Medien. Das passte halt besser in die Geschichte."

Ob nun mit oder ohne Rolls-Royce: Das Duo Bosch-Tiriac überzeugt die Beckers. Boris verabschiedet sich vom DTB und schließt sich Bosch und Tiriac an. Das Trio macht vom ersten Tag an keine halben Sachen. Boris muss mit nach Monte Carlo. In dem Fürstentum Monaco lebt Ion Tiriac, und der frühere Doppelspezialist ist überzeugt: Nur wenn Boris mit ihm dort lebt, kann er den nötigen Einfluss auf ihn haben. Das stellt das Trio natürlich noch vor andere Herausforderungen. Schließlich ist Boris noch ein Teenager. Günther Bosch kümmert sich um den Alltag jenseits des Trainingsplatzes und trägt daher schon bald den Spitznamen „Mama Güntzi". Er kann mit einer Kreditkarte der Eltern Geld abheben und gibt Boris regelmäßig das Taschengeld. Jede noch so kleine Ausgabe davon notiert Bosch in einem kleinen Büchlein, das er immer bei sich trägt. Bei seinen Besuchen in Leimen rechnet er Papa und Mama Becker anhand seiner Aufzeichnungen dann genau vor, was, wo und wie viel er und Boris ausgegeben haben.

Auch körperlich macht Boris Riesenfortschritte. Mit 16 Jahren ist er 1,86 Meter groß und 78 Kilogramm schwer. Ein Modellathlet. Der perfekte Körper für das aggressive, athletische Spiel, das sich Günther Bosch für ihn zurechtgelegt hat. Ein unbändiger Ehrgeiz schlummert zwar in dem Teenager. Bosch muss ihn allerdings auch immer wieder aufs Neue wecken. „Man musste bei ihm ganz bestimmte Knöpfe drücken. Boris hatte zum Beispiel nicht immer gleich viel Lust auf das Training. Da hat es keinen Sinn gehabt, zu sagen: Du trainierst jetzt aber – basta! Da musste ich cleverer vorgehen. Ich habe dann gesagt: Du hast ja recht. Lass uns nur zehn Minuten fürs Gefühl ein paar Bälle schlagen. Wenn er dann auf dem Platz gestanden und noch ein paar Wettkampfsituationen simuliert hat, bekam man ihn oft gar nicht mehr vom Platz runter. Aus zehn Minuten Bälle schlagen wurde so oft eine Zwei-Stunden-Einheit.“

Bei Boris muss alles eine Wettkampfidee mit sich bringen, er muss sich herausgefordert fühlen. „Wir waren oft mit einem Sparringspartner unterwegs. Dem habe ich auf dem Weg zum Platz schon gesagt: Mach mal dort an dem Gerüst zehn Klimmzüge. Und zu Boris habe ich gesagt: Du nicht. Das kannst du noch nicht. Was macht Boris? Der ist sofort hingesprungen und hat es so lange probiert, bis er es auch konnte. Und am Ende hat es fast immer geklappt.“

Dieser Ehrgeiz treibt den jungen Boris nicht nur im Sport an. Bosch erinnert sich an Situationen im heimischen Fitnesskeller: „Wir hatten dort einen Flipper-Automaten stehen, auf dem man die Rekorde sehen konnte. Boris hat keine Ruhe gegeben, bis er den Rekord, der dort stand, gebrochen und selbst innehatte. Meine Frau ist da fast verrückt geworden. Hat ihn x-mal zum

Essen gerufen. Keine Chance. Er kam erst, wenn er den Rekord übertroffen hatte. Da ist so manches Mittagessen kalt geworden."

Schon 1984 scheint der nimmermüde Wettkämpfer Boris Becker bereit für die großen Erfolge. Nicht in Leimen. Nicht bei den Junioren. Sondern bei den Herren. Auf den größten Bühnen des Herrentennis. Bei den Australian Open erreicht er das Viertelfinale. In Wimbledon stoppt ihn nur eine Verletzung. In der dritten Runde trifft er auf den US-Amerikaner Bill Scanlon. Er liegt 2:1-Sätze hinten. Im vierten Satz führt der Deutsche aber mit 2:1 und liegt mit einem Break vorn. Beim Versuch Serve-and-Volley zu spielen, stürmt er Richtung Netz und bricht plötzlich mit einem Schrei zusammen. Scanlon rennt sofort ans Netz, um zu sehen, was passiert ist. Es sieht nicht gut aus. Der Knöchel des linken Fußes von Becker ist direkt angeschwollen, als hätte er dort einen Golfball in der Socke versteckt. Es steht schnell außer Frage: Der 16-Jährige muss aufgeben. Er wird zunächst auf eine Trage gelegt und kurz danach im Rollstuhl vom Platz gefahren. Im Krankenhaus folgt die Diagnose: doppelter Bänderriss. Drei Monate Pause. Doch die Verletzung und Auszeit verzögern seinen ganz großen Erfolg nur.

Ein Jahr später ist es am gleichen Ort so weit.

Der Urknall

Der 7. Juli 1985. Ein Datum, das fest im deutschen Sportgedächtnis verankert ist. Das ahnt auch Radioreporter Gerd Szepanski. Er kommentiert den Triumph des jüngsten Wimbledon-Siegers aller Zeiten an diesem Tag live mit folgenden Worten: „Der Wimbledon-Sieger 1985 heißt Boris Becker. Boris Löwenherz möchte man ihn fast nennen. Er schreibt Tennisgeschichte. Wann hat es im deutschen Sport schon mal ähnliche Momente gegeben? Diese Frage wird sich stellen. Ich nehme an, vielleicht der Sieg von Max Schmeling oder 54 der WM-Sieg der deutschen Fußball-Nationalmannschaft in Bern."

Elf Millionen Zuschauer verfolgen das Finale von Boris Becker gegen den Südafrikaner Kevin Curren im TV. Es ist das erste Mal, dass sich Deutschland bei einem Tennisspiel vor dem Fernseher versammelt. Vorher ist Tennis bei weiten Teilen der Bevölkerung noch sehr elitär angehaucht. Der 17-jährige Becker entspricht allerdings so gar nicht diesem Image. Becker stolziert nicht mit überlegener Attitüde über den Platz. Er kämpft Tennis. Flucht nach verlorenen Punkten. Hechtet nach scheinbar unerreichbaren Bällen. Seine Beine und Knie sehen eher aus wie die eines Fußballspielers, wenn dieser den Platz verlässt. Mit dreckiger Hose, Schürfwunden und blutenden Knien agiert Becker auf dem Platz und mischt den „weißen Sport" gehörig auf.

Auch bei seinem historischen Triumph gegen Kevin Curren an jenem 7. Juli 1985. Sein Aufschlag-Winner beim Matchball zum 6:3, 6:7, 7:6 und 6:4 gegen den Südafrikaner ist den meisten Fans wahrscheinlich noch präsent. Egal ob sie es damals live im ZDF, in den schier unendlichen Wiederholungen oder in YouTube-Videos gesehen haben.

5:4- und 40:30-Führung für Becker im vierten Satz. Mit einem Doppelfehler hat der Deutsche kurz zuvor seinen ersten Matchball vergeben. Aber das bringt ihn nicht aus der Fassung. Der zweite Matchball ist es. Der erste Aufschlag geht voll nach außen. Kevin Curren versucht mit der Rückhand noch dranzukommen. Vergeblich. Das merkt auch Becker sofort. Er reißt die Arme in die Höhe, macht einige Trippelschritte und schließt die Augen. Es ist geschafft. Aber fast noch beeindruckender als der letzte Ballwechsel des Matches ist, wie der 17-Jährige in das Finale der All England Championships gegen Curren gestartet ist. Das haben die meisten wahrscheinlich nicht mehr so präsent. Dafür spulen wir gut drei Stunden in der Zeit zurück.

7. Juli 1985. 14:09 Uhr Ortszeit Wimbledon. Boris Becker hat die Seitenwahl gewonnen und sich für Aufschlag entschieden. Bereits ein kleiner Fingerzeig, wie er das Endspiel angehen will – nämlich aktiv und offensiv. Mit schnellem Schritt geht Boris auf seine Seite und lässt sich zwei Bälle von einem Balljungen geben. Er geht noch einmal in die Knie, verstaut einen Ball in seiner Hosentasche und nimmt seine Aufschlagposition an der Grundlinie ein. Noch einmal mit dem Schläger trocken die Aufschlagbewegung durchschwingen. Los geht's. Service Becker.

Er schwingt in seiner typischen Art zweimal an, der Ballwurf weit nach vorn für einen ersten Aufschlag und er zieht voll in die Mitte des Platzes durch. Becker stürmt Richtung Netz, um sich gleich den ersten Punkt mit Serve-and-Volley zu sichern. Curren retourniert mit seiner Rückhand auf die Rückhandseite des Deutschen, der seinen Volley tief in die Rückhand-Ecke des Südafrikaners platzieren kann. Curren versucht sich mit einem Rückhand-Slice-Lob zu retten. Der kommt auch gar nicht schlecht, aber Becker ist zur Stelle. Er umläuft ein wenig den Ball und setzt einen unerreichbaren Schmetterball kurz cross.

Dann der zweite Punkt. Wieder geht es mit dem ersten Aufschlag hart durch die Mitte. Wieder setzt Boris auf Serve-and-Volley und rückt ans Netz auf. Ein Rückhand-Volley ohne volles Risiko, um noch etwas aufzurücken, gefolgt von einem gefühlvollen Vorhand-Volley-Stopp. Den dritten Punkt macht er dann nach seinem Aufschlag direkt mit einem Rückhand-Volley die Linie entlang. 40:0. Das perfekte Aufschlagspiel verhindert nur ein Rahmentreffer mit der Vorhand. Das Spiel macht er kurz darauf dank eines Return-Fehlers von Kevin Curren.

Ein Auftakt mit einer fast hundertprozentigen Quote beim ersten Aufschlag. Überkopfball-Winner. Perfekt vorgetragenes Serve-and-Volley. Dazu noch einen Volley-Stopp. Sein erstes Aufschlagspiel räumt direkt alle Zweifel aus dem Weg, ob dieser blonde Teenager aus Deutschland den Umständen auf dem berühmtesten Center Court der Welt an diesem Tag auch gewachsen ist. Ist er. Als er Curren danach direkt in dessen erstem Aufschlagspiel breakt, ist spätestens allen bewusst: Dieser 17-Jährige ist nicht als Staffage auf dem Center Court in Wimbledon. Er will den Siegerpokal hier und heute in den Londoner Himmel hieven.

Aber beinahe wäre es nie so weit gekommen. Wenige Tage zuvor ist der Weg Beckers in Wimbledon eigentlich schon vorbei, und die Ereignisse von 1984 scheinen sich zu wiederholen. Was war passiert? Im Achtelfinale gegen den Amerikaner

Tim Mayotte knickt Becker böse um. Er ist schon auf dem Weg zum Netz, will aufgeben und seinem Gegner die Hand geben. Mayotte erkennt das aber nicht sofort; er steht zu weit weg vom Netz. Genug Zeit für Günther Bosch und Manager Ion Tiriac ihren Schützling zu beschwören, weiterzumachen. Nicht aufzugeben. Sich lieber kurz behandeln zu lassen und zu hoffen, dass sich der Knöchel in der kurzen Behandlungspause wieder beruhigt. Das macht Boris auch brav. Der Rest ist Tennisgeschichte – und reich an Superlativen: Erster Deutscher. Erster Ungesetzter. Jüngster Spieler überhaupt. Boris Becker bricht zahlreiche Rekorde an diesem 7. Juli 1985 in Wimbledon.

Der damalige Bundespräsident Richard von Weizsäcker schickt Becker ein Glückwunschtelegramm nach London. Was ungewöhnlich und eine besondere Wertschätzung ist. Dieses Privileg ist damals normalerweise Fußballern und Olympiasiegern vorbehalten. Ab sofort ist aber nichts mehr normal im Leben von Boris Becker.

Wenige Wochen nach seinem Wimbledon-Sieg ist Boris am 8. September 1985 einem jungen ZDF-Moderator mit blonden Locken zugeschaltet, einem gewissen Thomas Gottschalk. Dessen Sendung „Na, sowas!“ ist Kult, Gottschalk ist gerade selbst auf dem Weg zum Superstar. Doch im Gespräch mit Boris ist unmissverständlich klar, wer hier der Superstar für die Millionen TV-Zuschauer ist.

Gottschalk: „Wenn es um Champions und Meister geht, dann darf eigentlich ein Name überhaupt nicht fehlen, denn das ist der Champion der Champions. Das Beste, was wir anzubieten haben – natürlich unser Boris. Unser Boris ist in New York, morgen spielt er da bei den US Open. Wir haben es aber trotzdem geschafft, über den großen Teich zu schalten. Er sitzt in unserem New Yorker Studio, und ich werde mich mit ihm unterhalten. Hallo Boris, ich kann es noch gar nicht glauben. Bist du wirklich da?"

Boris Becker: „Ja, ich bin's."

Thomas Gottschalk: „Boris, erst mal eine Frage. Kennst du mich eigentlich? Hast du mal eine Sendung von mir gesehen?"

Boris Becker: „Ja, ich habe schon ein paar Sendungen von dir gesehen. Komisch. Darf ich du zu dir sagen?"

Thomas Gottschalk: „Ja, um Gottes willen. Ich bitte darum. Ein ganz komisches Gefühl. Boris kennt mich, ich kenne jetzt Boris. Und viele andere wollen dich auch kennenlernen, Boris. Zum Beispiel wirst du demnächst unseren Bundeskanzler kennenlernen, du wirst unseren Bundespräsidenten kennenlernen, Menschen, die du vielleicht alle sonst nicht getroffen hättest. Ist das für dich ein Wahnsinn? (...) Du bist, machen wir uns nichts vor, ein richtiges deutsches Heiligtum geworden."

Boris Becker: „Manchmal ist es schon ein bisschen komisch für mich, muss ich sagen. Dass mich jetzt plötzlich alle kennenlernen wollen. Und so war ich ab und zu der Meinung, dass ich zweimal auf die Welt gekommen bin. Das zweite Mal war am 7. Juli." (...)

Thomas Gottschalk: „Thema Mädchen. Ich meine, war da was mit der Desiree?"

Boris Becker: „Es war klar, dass das jetzt kommt."

Thomas Gottschalk: „Ja, nur ganz kurz. War das mit Desiree nur so eine Idee einer Zeitung? Oder hast du sie wenigstens ein bisschen …"

Boris Becker: „Nein, es war so: Sie wollte eine Sendung mit mir machen, und sie hat es auch gemacht. Und das war es."

Thomas Gottschalk: „Empfindest du das ein bisschen ungerecht? Ich meine, du bist ja jetzt nicht viel schöner, als du vorher warst. Verstehe mich bitte richtig. Aber auf einmal drehen sie alle durch. (…)"

Boris Becker: „Ab und zu ist schon ziemlich erstaunlich, was manche versuchen. Aber ich weiß, vor zwei Jahren konnte ich noch in keine Diskothek rein."

Wen Thomas Gottschalk mit Desiree meint? TV-Moderatorin Desiree Nosbusch. Eine Woche zuvor hatte die Illustrierte „Bunte" getitelt: „BORIS: Geheimes Glück mit Desiree". Es sind Vorboten für ein Leben, das sich von nun an nur noch im Licht der Öffentlichkeit abspielt. Egal ob Matchball, Doppelfehler oder Liebesglück – Deutschland will nun zu jeder Tages- und Nachtzeit seinen Anteil am Leben des Leimeners und fordert diesen Anteil mit aller Brutalität ein.

Manager Ion Tiriac hat damit keine großen Probleme. Solche Geschichten erhöhen den Marktwert seines Schützlings. Für Trainer Günther Bosch ist die Angelegenheit schwieriger. Er muss den Fokus von Boris weiter auf den Platz gerichtet halten. In jedem Training und bei jedem Turnier. Denn auch wenn die

Jugend von Boris Becker mit einem Schlag am 7. Juni 1985 zu Ende gegangen ist. Seine Tenniskarriere beginnt gerade erst. Und ab sofort ist er nicht mehr Jäger, sondern Gejagter.

SECOND SET

Mach's noch einmal Bobbele – Unstoppable Bum-Bum

Die sportliche Situation nach seinem sensationellen Wimbledon-Sieg von 1985 ist für Boris Becker durchaus kompliziert. Durch den Triumph beim wichtigsten Tennisturnier der Welt steigt der Druck von allen Seiten. Deutschland hat einen Superstar und fordert von diesem Superstar weiterhin Siege. Eine Finalteilnahme ist kaum noch ein Erfolg. Schließlich hat dieser Teenager ja bereits bewiesen, zu was er imstande ist. Es bleibt in Deutschland nicht bei der theoretischen Begeisterung. Tennisvereine sprießen im ganzen Land aus dem Boden.

Allerdings ist es nicht Boris Becker, der den Aufstieg des Tennis in Deutschland auslöst. Schon 1978 knackt der Deutsche Tennis Bund (DTB) die Marke von einer Million Mitglieder. Tennis liegt schon vor Boris im Trend. Mit seinem Sensationssieg verleiht er dem Trend aber einen enormen Schub. Im Jahr seines ersten Wimbledon-Siegs 1985 verzeichnet der DTB bereits rund 1,7 Millionen Mitglieder in seinen Tennisvereinen. Ein Anstieg von mehr als 60 Prozent – und das in sieben Jahren. Tennis ist zu diesem Zeitpunkt hinter Fußball die zweitbeliebteste Sportart in Deutschland. Anders als bei anderen Fernsehsportarten, bei denen Deutschland gerne zusieht und die deutschen Sieger feiert, spielt man Tennis auch selbst. Nicht so bei der Formel 1, beim Boxen oder beim Biathlon. Ein Tennisschläger und ein paar Bälle finden sich bald in vielen deutschen Haushalten. Boris Becker hat daran fraglos einen großen Anteil.

Für solche Gedankenspiele hat der jüngste Wimbledon-Sieger aller Zeiten jedoch keine Muße. Becker muss alles daran setzen, dass er kein One-Hit-Wonder wird. Platzhirsche wie Ivan Lendl oder John McEnroe würden dem deutschen Newcomer nur allzu gerne zeigen, dass sie auf dem Platz weiter den Ton angeben.

Becker seinerseits deutet im Rest des Jahres 1985 jedoch durchaus an, dass er gekommen ist, um zu bleiben. Er gewinnt nach Wimbledon noch das Turnier in Cincinnati, und zum Saisonfinale kommt er beim Masters ins Endspiel, unterliegt im New Yorker Madison Square Garden aber Ivan Lendl relativ glatt in drei Sätzen mit 2:6, 6:7 und 3:6.

Für seinen Trainer Günther Bosch werden die nächsten Monate nicht einfach. Er bemerkt, dass Boris mit seinem Kopf nicht mehr nur auf dem Tennisplatz ist. Mit Bénédicte Courtin hat Becker Anfang 1986 seine erste offizielle Freundin. Bénédicte hat er in seiner Wahlheimat Monte Carlo kennengelernt. Sie studiert zu dieser Zeit Jura und ist die Tochter des Polizeipräsidenten des Fürstentums Monaco.

Die junge Liebe droht den Plan von der Titel-Verteidigung in Wimbledon zu gefährden. Beim Vorbereitungsturnier in Queen's 1986 verliert Becker im Halbfinale gegen Tim Mayotte. Nicht perfekt, aber auch kein Beinbruch. Mayotte ist ein ausgewiesener Rasenspezialist – und außerdem hat das Duo Becker-Bosch noch genügend Zeit, um sich in London den letzten Rasenschliff für Wimbledon zu holen. Aber Boris hat andere Pläne: Er will nach seiner Niederlage in Queen's unbedingt eine Liebes-Auszeit nehmen. Nicht in London. Sondern bei seiner

Bénédicte in Monte Carlo. Bosch sagt „Nein" und pocht auf die Wimbledon-Vorbereitung in London. Allerdings merkt er schon bei dem ersten Training nach seinen „No" zur Turtel-Auszeit: So hat das keinen Sinn. Boris ist auf dem Trainingsplatz überhaupt nicht bei der Sache. Er versucht seinen Coach zu „verarschen", wie Bosch es selbst sagt. Hier ein Stöppchen, da ein Schlag durch die Beine. Von ernsthaftem Training keine Spur.

Bosch setzt sich mit Boris zusammen. Der Trainer erlaubt seinem Schützling, für ein paar Tage nach Monte Carlo zu Bénédicte zu fliegen. Allerdings muss Boris ihm versprechen, dass, wenn er zurückkommt, sie den Fokus voll auf Wimbledon legen und er im Training alles geben wird. Boris schlägt ein und hält Wort. Als Günther Bosch Boris wenige Tage später in London um acht Uhr morgens persönlich vom Flughafen Heathrow abholt, hat er die Tennistasche schon im Kofferraum. Die beiden fahren direkt auf den Trainingsplatz. „Er hat dann unglaublich trainiert", erinnert sich Bosch, „so habe ich ihn vorher noch nie trainieren sehen. Und ich habe ihn davor schon oft außergewöhnlich trainieren sehen. Mit diesem Engagement und Ehrgeiz wusste ich aber, wir sind wieder auf dem richtigen Weg."

Und ihr Weg führt sie wieder ins Wimbledon-Finale. 1986 steht Boris im Endspiel Ivan Lendl gegenüber. Der Tschechoslowake ist zu diesem Zeitpunkt klar der beste Spieler der Welt und steht ungefährdet an der Spitze der Weltrangliste. Auch in diesem Endspiel lohnt ein Blick auf die ersten Minuten des Spiels. Ähnlich wie im Finale ein Jahr zuvor gegen Kevin Curren, als der 17-jährige Boris ohne jegliche Nerven mit einem fast perfekten Service-Game in das Match startete, gibt auch sein erstes Aufschlagspiel am 6. Juli 1986 gegen Ivan Lendl bereits die Richtung vor. Für die deutschen Zuschauer ist es ein besonderes Turnier, nicht nur, weil Boris wieder im Endspiel steht. Zum ersten Mal fliegen in Wimbledon gelbe Filzbälle über das Netz. Bis zu diesem Jahr hatte man in Wimbledon immer mit weißen Bällen gespielt.

Boris Becker startet in das Endspiel mit einem Ass. Ein erster Aufschlag mit etwas Slice in die Vorhand-Ecke von Lendl. Unerreichbar. Ein Auftakt nach Maß.

Doch Lendl, für den es bereits das zehnte Finale bei einem Grand-Slam-Turnier ist, zeigt schnell, warum er die Nummer eins ist und im Jahr 1986 bisher noch kein anderer Spieler außer ihm diese Position bekleidet hat. Beim zweiten Punkt des Matches serviert Becker mit Topspin auf die Rückhand seines Gegners. Lendl antwortet mit einem Slice elegant longline und Becker unternimmt nicht mal einen Versuch, an den Ball zu kommen. Den nächsten Punkt macht der Deutsche per Überkopfball. Lendl kontert aber direkt mit zwei hervorragenden Passierbällen. Einmal mit einer krachenden Vorhand-Longline und einmal mit einer gefühlvollen Rückhand kurz-cross. Breakball für den Tschechoslowaken direkt im ersten Aufschlagspiel Beckers. Dieser rettet sich aber mit einem Aufschlag-Winner zum Einstand. Nach einem Doppelfehler steht Lendl allerdings erneut vor einem Break. Mit seinem starken Aufschlag kann der Titelverteidiger aus Deutschland jedoch auch den zweiten Breakball gegen sich abwehren. Wenig später muss er sogar noch einen dritten Breakball im ersten Aufschlagspiel des Matches abwehren. Das gelingt ihm mit perfekt vorgetragenem Serve-and-Volley. Zum ersten Mal zeigt er seine „Becker-Faust". Sein Aufschlag ist es auch, der ihm nach acht Minuten schließlich das erste Spiel sichert.

So wie er ein Jahr zuvor Kevin Curren in seinem ersten Aufschlagspiel gezeigt hat, dass er alles ist, aber nicht nervös – so zeigt Becker in seinem zweiten Wimbledon-Finale Ivan Lendl direkt, dass er bereit ist, alle Widerstände zu überwinden, um auch 1986 als Sieger den Center Court des All England Lawn Tennis and Croquet Club zu verlassen.

Das gelingt ihm eindrucksvoll. 6:4, 6:3 und 7:5 heißt es am Ende für den Deutschen. Was nach einem deutlichen Ergebnis klingt, war in Wahrheit jedoch statistisch sehr eng. Nur neun Punkte mehr als Lendl macht Becker in dem Match – 94 zu 85 Punkte lautet diese Statistik am Ende zugunsten des Siegers. Das sind aber die entscheidenden Punkte. Nach zwei Stunden und zwei Minuten schreibt der 18-jährige Becker wieder ein Stück deutsche Sportgeschichte – und für den Sieger lohnt sich der Triumph besonders: Da es 1986 die 100. Auflage des Turniers ist, darf Boris den Pokal im Original behalten. Sonst müssen die Wimbledon-Champions die Trophäe abgeben und erhalten dafür eine Replika in deutlich kleineren Maßen.

Es ist geschafft. Die Angst des One-Hit-Wonders ist besiegt. Zweifacher Wimbledon-Sieger mit 18 Jahren. Welcher Titel ist dabei höher zu bewerten? Für seinen damaligen Coach Günther Bosch ist das keine Frage: „Der zweite Titel ist viel höher zu bewerten. Was sind wir beäugt worden nach dem Titel ein Jahr zuvor. Und nicht zu unrecht. Unglaublich viele Spieler können einen solchen Erfolg nicht bestätigen. Sie verlieren danach in der ersten oder zweiten Runde. Bis heute ist das so. Wir haben den Erfolg aber direkt bestätigt. Daher hat der Titel 1986 gegen Lendl für mich eindeutig den höheren sportlichen Wert."

Was das Finale gegen Ivan Lendl aber sportlich beweist: Boris Becker ist nicht nur der reine Mentalitätsspieler, den damals wie heute viele in ihm erkennen wollen. Den schimpfenden Becker, der hadert, flucht und seine Emotionen offen zur Schau stellt, sieht man gegen Lendl kaum. Was man stattdessen sieht: einen hervorragenden Tennisspieler. Mental stark – keine Frage – besonders für einen 18-Jährigen. Aber er besiegt den damals eindeutig besten Tennisspieler der Welt spielerisch. Bärenstarker Aufschlag. Sehr guter Volley sowie ein stets aggressiver Return. Er hat nicht von der Schwäche seines Gegners profitiert. Zusammen unterlaufen den beiden Finalisten im Endspiel nicht einmal 20 unerzwungene Fehler. Der Deutsche ist auf höchstem Niveau einfach der bessere Tennisspieler.

Zum Streit kommt es danach nur mit seinem Vater Karl-Heinz. Der hat gegen Boris' Willen wieder einen Autokorso durch Leimen mit anschließendem Empfang im Rathaus organisiert. Ein Gräuel für Boris. Ohne Schläger und Ball fühlt er sich bei solchen reinen Jubel-Events immer etwas hilflos. Zudem ist er nicht der große Redner mit einem Mikro in der Hand. Viele „Äaaahs" und „Ähhms" machen es teilweise schwierig, ihm zuzuhören. Aber seinem Vater zuliebe nimmt der nun zweifache Wimbledon-Sieger an den Feierlichkeiten in Leimen teil, macht seinem Vater aber auch unmissverständlich klar, dass dies das letzte Mal ist und dass er in Zukunft solche Entscheidungen selbst treffen wird.

Und zu feiern wird es in den nächsten Monaten noch jede Menge Anlässe geben.

Mentalitätsmonster? Jahrhunderttalent? Oder nur hochsensibel?

Die frühen Erfolge von Boris Becker lassen bis heute immer wieder die Frage nach dem „Wie“ aufkommen. Wie hat er das nur geschafft? Mit 17 Jahren Wimbledon zu gewinnen? Als Teenager, wo der Rest der Welt zumeist mehr mit der ersten Liebe und dem ersten Rausch zu kämpfen hat, anstatt sich mit den besten Tennisspielern der Welt nicht nur zu messen, sondern sie auch zu bezwingen.

Talentierte Athletinnen und Athleten planen in dieser Phase in der Regel gerade ihren Übergang in den Erwachsenenbereich. Für viele eine Herkulesaufgabe. Es sind andere Welten, ob man sich mit Gleichaltrigen um die Vorherrschaft in einem Jahrgang streitet oder professionelle Kontrahenten herausfordert, die teilweise 20 Jahre älter und mit allen Wassern gewaschen sind. Eine andere Welt in Quantität und Qualität. Nicht für Boris Becker. Der gewinnt mit 17 Jahren das wichtigste Tennisturnier der Welt. Und ein Jahr später gelingt ihm an gleicher Stelle das Kunststück ein weiteres Mal. Die Titelverteidigung – nicht nur für Trainer Günther Bosch, auch für die meisten Beobachter wie für Becker selbst die noch größere Leistung. Plötzlich schaut die ganz Welt auf diesen 18-Jährigen aus Leimen. Er kann nicht mehr aus der Position des Außenseiters agieren. Und was macht der Teenager? Zerbricht er an diesem Druck? Zerstört die neue Erwartungshaltung seine spielerische Leichtigkeit auf dem Platz? Nichts davon ist zu beobachten. Es ist bis heute eine beeindruckende Leistung im Sport.

Wie muss eine Persönlichkeit, ein Charakter gestrickt sein, um zu solch einer Leistung fähig zu sein?

Holger Fischer beschäftigt sich seit Jahrzehnten mit der Psyche von Hochleistungssportlern. Und auch im Tennis kennt er sich bestens aus. Fischer hat lange als Cheftrainer bei großen Klubs in Baden-Württemberg gearbeitet, bis er sich ganz der individuellen Arbeit mit Athletinnen und Athleten gewidmet hat. Anfangs, um die Ursachen von Verletzungen herauszufinden und seine Klienten wieder schnell und gesund auf die Beine zu bringen. Das hat ihm in den Medien zunächst den Stempel „Wunderheiler" eingebracht, weil er auf die Selbstheilungskräfte seiner Sportlerinnen und Sportler gesetzt hat. Danach hat man ihn gerne als „Mental-Coach" vorgestellt. Auch so eine Bezeichnung, die Holger Fischer nicht allzu gerne hört. Aber was ist er denn nun? „Ich höre so viel", sagt er selbst, „Coach, Begleiter, Berater, Mentor. Da ist alles dabei. Letztlich ist es mir aber auch egal. Am Ende ist das Ergebnis entscheidend."

Heute ist Fischers Ansatz ganzheitlicher. Er will den kompletten Menschen verstehen und so eine Balance zwischen Körper, Geist und Leistung herstellen.

Zu seinen bekanntesten sportlichen Klienten, die öffentlich zur Zusammenarbeit mit dem Balinger stehen, gehören die ehemalige Nummer eins der Tennis-Damen Angelique Kerber, deren frühere Kollegin Andrea Petkovic und die Ex-Tennisprofis Tommy Haas und Florian Mayer. Fischer ist jedoch nicht nur im Tennis aktiv. Er betreut auch zahlreiche Fußballer wie den ehemaligen deutschen Nationaltorwart René Adler, den

Dortmunder Torwart Gregor Kobel, Golfer Marcel Siem sowie die Olympiasiegerin im Reiten Jessica von Bredow-Werndl.

Inzwischen beschränkt sich seine Arbeit allerdings nicht mehr nur auf den Sportbereich. Holger Fischer begleitet auch Unternehmen und Top-Manager auf ihrem Weg. Neudeutsch würde man seine Klientenschicht wahrscheinlich als „High-Performer" bezeichnen. Personen, die zu besonderen Leistungen imstande sind und die bei ganz bestimmt gesetzten Parametern diese Leistungen auch abrufen können.

Boris Becker ist dafür ein Paradebeispiel. Allerdings vollbringt er seine ersten großen Leistungen, als die Arbeit im mentalen Bereich noch in den Kinderschuhen steckt. Daher noch einmal die Frage: Wie muss eine Persönlichkeit, ein Charakter von Natur aus gestrickt sein, um zu solchen Leistungen fähig zu sein? Aber auch: Was hätte man aus heutiger Sicht besser machen können, um das Talent eines Boris Beckers voll auszuschöpfen? Oder hat man das vielleicht sogar?

GESPRÄCH MIT HOLGER FISCHER, COACH & BERATER, APRIL 2024

Herr Fischer, war Boris Becker aus Ihrer Sicht ein Talent?
Da sind wir direkt bei der großen Frage: Was ist überhaupt ein Talent? Von Boris gibt es ja die berühmten Talentbögen aus der Jugend, in denen ihm die Verbandstrainer keine besondere Förderungswürdigkeit attestiert haben. Die Trainer damals haben bei der Beurteilung mit Sicherheit Fehler gemacht, aber das waren ja auf der anderen Seite auch keine Idioten. Sie haben Boris nach ihren Kriterien bewertet und sind aus ihrer Sicht zu diesem Ergebnis gekommen. Daher muss man sagen: Nach den damals herrschenden, vom Verband vorgegebenen Kriterien war Boris Becker kein gigantisches Talent.

Da klingt aber schon durch, dass Sie mit den Kriterien nicht einverstanden sind.
Richtig, nicht mit allen. Und da hat sich bis heute leider nicht viel verändert. Die Athletik spielt eine viel zu große Rolle. Sprintfähigkeit, Ballgefühl, Ausdauer, Kraftschnelligkeit – das steht zu sehr im Mittelpunkt. Bestimmt war Boris da nicht außergewöhnlich. Aber seine Fähigkeit, sich auf den Punkt zu konzentrieren, der Wille zum Sieg, das war mit Sicherheit alles schon erkennbar, hat aber in der Bewertung des Talents Beckers nicht die große Rolle gespielt. Aus meiner Sicht war Boris schon mit zehn, elf Jahren ein Megatalent.

Hätte er sich durchgesetzt, wenn er nicht aus den DTB-Strukturen ausgebrochen wäre?
Niemals. Wobei eine kleine Einschränkung muss man da schon machen: Heute ist es leicht, das zu behaupten, weil man den Gegenbeweis nicht antreten kann. Aber trotz aller Relativie-

rungen: Ich kann mir nicht vorstellen, dass Boris sich so entwickelt hätte, wenn er nicht seinen eigenen Weg gegangen wäre. Ich bin überzeugt, er hätte ausschließlich mit der Verbandsförderung niemals mit 17 Wimbledon gewonnen.

Was macht Sie da so sicher?
Weil die unterschiedlichen Trainer, Bezirkstrainer, Verbandstrainer, Bundestrainer gar nicht in der Lage gewesen wären, sich individuell mit dem Athleten und Menschen Boris Becker nach seinen besonderen Bedürfnissen zu beschäftigen. Er brauchte eine feste Bezugsperson, die ihm Sicherheit gibt und mit der er sich frei entfalten kann. Das war am Anfang fraglos Günther Bosch. Auch wenn ich bezweifle, dass solche psychologischen Faktoren die entscheidende Rolle beim Alleingang von Bosch mit Becker gespielt haben, war es genau die richtige Entscheidung für den Umgang mit einem derart Hochbegabten beziehungsweise Hochsensiblen.

Was meinen Sie mit hochbegabt und hochsensibel?
Hochbegabte Menschen sind nicht die Menschen, die permanent Einsen schreiben. Vielmehr haben sie pro Sekunde mehr Gedanken, mehr Bilder im Kopf und denken normalerweise in Lösungen. Bei vielen Leistungssportlern kommt noch hinzu, dass sie so genannte „Highly Sensitive Persons“ sind – HSPler. Diese Menschen fühlen oftmals Dinge, bevor sie passieren. Bestimmte Reize werden von ihnen außen und innen deutlicher und stärker wahrgenommen. Diese Kombination aus Hochbegabung und Hochsensibilität ist äußerst spannend und komplex.

Woran erkennt man HSPler auf dem Tennisplatz?
Sie suchen sich durch Rituale immer wieder ihren Sicherheitsraum auf dem Platz. Denken wir nur an Rafael Nadal. Wie er

seine Flaschen immer exakt gleich an seinem Platz aufstellt. Oder seine vielen Rituale vor dem Aufschlag. Das Zippen an der Hose, das Wischen über die Augen – alles Versuche, Sicherheit für den nächsten Punkt zu gewährleisten. Aktuell ist das unter anderem auch bei Carlos Alcaraz zu beobachten. Er lacht zwar viel und scheint entspannt zu sein, aber durch die permanente Kommunikation mit seiner Box, verbal sowie non-verbal, baut auch er eine Form von Sicherheit auf.

Und Boris Becker ist und war aus Ihrer Sicht eine solche Person?
Das kann ich natürlich nur von außen beantworten, aber es spricht sehr viel dafür.

Was zum Beispiel?
Auf dem Platz hat auch er sich Rituale gesucht, um in einen Zustand mentaler Sicherheit zu gelangen. Vor dem Aufschlag hat er immer die gleichen Bewegungen ausgeführt. Ihm war extrem wichtig, wann und wie er den Platz betritt. Und wenn Boris beispielsweise eine Challenge für sich ausgemacht hat, war er nicht mehr zu bremsen und immer in der Lage, eine Schippe draufzulegen. Er konnte körperliche Grenzen durch die Gier nach seiner persönlichen Challenge überschreiten. Das hat auch nicht immer funktioniert. In der Retrospektive glaubt man zwar, Boris hätte jedes Spiel gewonnen. Da waren aber auch Matches dabei, die er sang- und klanglos verloren hat. Aber er war halt auch zu ganz Großem fähig. Wie nur sehr wenige.

Warum hat er das nicht noch konstanter abrufen können?
Bei hochsensiblen Menschen ist die Regenerationszeit mit von entscheidender Bedeutung. Wenn ihr Motor über längere Zeit

auf absoluter Höchstleistung gelaufen ist, muss er wieder runterkommen. Am besten in einem Umfeld, das ihm Sicherheit und Routinen bietet. Irgendwann hat man Boris diese Zeiten für Erholung nicht mehr gegönnt. Man hat sie ihm von außen nicht mehr gegeben, und er hat sie sich auch nicht mehr selbst genommen. Er hat selbst zugegeben, dass er sich seine Erholung beziehungsweise seine Kompensation für seinen Stress und Überforderung eine Zeit lang über Schlafmittel geholt hat. Das kann nicht gutgehen.

Was hätte das Team um Becker besser machen können?
Bosch und Tiriac haben ihm ohne Zweifel viel Sicherheit gegeben. Die beiden waren sein Rückzugsort. Aber mit den Jahren haben sie es wohl versäumt, ihm mehr Freiraum einzugestehen. Wahrscheinlich hätte Becker schon das Gefühl gereicht, selbst entscheiden zu dürfen. Stattdessen haben sie ihm aus seiner Sicht wahrscheinlich viel zu viel abgenommen und für ihn entschieden. Hätte man da eine bessere Balance für beide Seiten gefunden, hätte das Trio Becker-Tiriac-Bosch noch erheblich länger erfolgreich zusammenarbeiten können. Auch da denkt man nur an Rafael Nadal und wie lange er mit dem identischen Team um sicher herum erfolgreich gearbeitet hat beziehungsweise arbeitet. Da wusste jeder, was er braucht, was er nicht braucht und wie man ihn zu handeln hat. Es war klar: Rafa der Große kann im übertragenen Sinne nicht im Dunkeln schlafen, da lassen wir mal lieber mal das Licht an. Und am nächsten Tag gewinnt dieser ängstliche Mann dann die größten Tennismatches.

Welche Rolle spielt dabei, dass Tennis ein Einzelsport ist? Kennt man das Phänomen auch im Fußball?
Auf jeden Fall. Der große Unterschied ist nur, dass es beim Fußball der HSPler noch Kollegen gibt, die im Optimalfall die Schwä-

chen solcher Menschen ausbügeln können. Lionel Messi zum Beispiel. Warum läuft der so wenig? Weil er Mitspieler hat, die für ihn laufen. Und die wissen: In den wichtigen Situationen ist er zur Stelle. Der fährt dann hoch, wenn er für sich eine Challenge im Spiel erkannt hat, und macht Dinge, die kein anderer kann. Und danach geht er wieder spazieren, weil er dieses Energielevel wohl anders nicht konstant halten kann. Im Fußball fallen diese Schwankungen jedoch nicht so auf, weil sie von Mitspielern verdeckt oder kompensiert werden. Im Einzelsport Tennis sind sie viel sichtbarer. Mit der Konsequenz, dass man dann halt Matches verliert.

Sind Ausnahmesportler HSPler ein Leben lang oder nur während ihrer Karriere?
Immer ein Leben lang. Das ist ein großes Problem. Während der Karriere wissen sie in der Regel, wo sie ihre Challenges finden. In ihrem Sport. In etwas, bei dem sie zu den Besten der Welt gehören. So etwas finden sie in der Regel nach der Karriere nicht mehr. Sie leben aber dennoch weiter in Extremen. Das ist auch oft der Ausgangspunkt, an dem viele traurige Ex-Sportler-Absturz-Geschichten beginnen. Sie agieren weiter in Extremen, sehen vieles als ein Spiel an. Das ist es aber oft nicht mehr. Schneller als man denkt, steht man dann vor den Scherben einer einst glorreichen Existenz.

Wie kann man dagegen vorgehen?
Sich offen und ehrlich bewusst machen, dass man so ist, wie man ist. Lernt, wer man ist, wie man tickt, was man braucht und was man nicht braucht. Und im besten Fall versteht, dass man hierfür kompetente Unterstützung von Menschen braucht, die Erfahrungen mit solchen extremen Persönlichkeitstypen haben

beziehungsweise selbst so ticken, nur deutlich reflektierter. Zudem sollte man schon während der Karriere beginnen, erste Pläne für die Zeit danach zu kreieren. Bei Boris Becker hatte man ja von außen betrachtet auch immer den Eindruck bekommen, er hätte sein Leben genauso unter Kontrolle wie einen Großteil seiner Gegner, die er auf dem Platz besiegt hat. Da war aber wahrscheinlich niemand, der ihm mal gesagt hat: „Boris, lass das vielleicht mal. Damit kennst du dich nicht aus.“ Im Gegenteil: Viele haben ihn bei seinen tollkühnen Plänen noch unterstützt, und dann hat sich die Lawine langsam in Gang gesetzt. Ob er dann auf andere Personen gehört hätte, steht auf einem anderen Blatt.

21 magische Tage im Oktober 1986

Mit dem Sieg 1986 in Wimbledon hat es Boris Becker allen bewiesen. Den Zweiflern, seinen Fans und vor allem sich selbst. Mangelte es ihm schon vorher nicht an zu wenig Selbstvertrauen, weiß er jetzt, dass er absolute Top-Leistungen immer wieder abrufen kann. Das weiß auch die Konkurrenz. Zweifacher Wimbledon-Sieger noch vor dem 19. Geburtstag – unterschätzen wird ihn jetzt keiner mehr. Aber ihn umgibt mit diesem Sieg auch eine Aura der Unbesiegbarkeit. Sobald er sich in seiner Komfortzone befindet, ist er kaum noch zu schlagen. Dieser Nimbus funktioniert auch andersrum. Er braucht nur einen Reiz, sei es eine abfällige Geste des Gegners oder ein störender Zwischenruf eines Fans, dann schaltet er in den Angriffsmodus und hat nur noch den Sieg im Kopf. Im Herbst 1986 bedeutet das: Becker gewinnt binnen 21 Tagen drei Masters-Turniere hintereinander. Seine historische Siegesserie beginnt in Sydney. Der Deutsche erreicht das Finale ohne Satzverlust. Im Endspiel wartet mit Ivan Lendl ein inzwischen alter Bekannter. Lendl thront immer noch ganz oben in der Weltrangliste. Der junge Becker bleibt auch in Australien für ihn ein unüberwindbares Hindernis. Zum dritten Mal schlägt Becker den Tschechoslowaken. Diesmal mit 3:6, 7:6, 6:2 und der Höchststrafe im letzten Satz – 6:0. Für Lendl ist es erst die fünfte Niederlage im Jahr

1986, aber eben die dritte Niederlage gegen den Teenager aus Leimen.

Auch im Doppel ist der Deutsche in Sydney nicht zu schlagen. An der Seite des Australiers John Fitzgerald gewinnt er das Endspiel der Doppelkonkurrenz gegen das australische Weltklasseduo Peter McNamara und Paul McNamee mit 6:4, 7:6. Für Becker ist es das erste Mal, dass er ein Turnier im Einzel und Doppel gleichzeitig gewinnen kann. Im Laufe seiner Karriere gelingt ihm dieses Kunststück insgesamt fünfmal.

Danach geht es für Becker weiter nach Tokio. Hier schlägt er im Finale Stefan Edberg. Den Schweden kennt er noch gut aus der Jugend. Edberg ist ein Jahr älter als Boris, beide galten als die kommende Generation im Herrentennis – heute würde man sagen: NextGen. Becker konnte diese Erwartungen früher als sein schwedischer Rivale erfüllen und behielt im Endspiel von Tokio mit 7:6, 6:1 die Oberhand. Doch seine phänomenale Siegesserie im Herbst 1986 ist damit noch nicht zu Ende.

Ohne Pause schlägt Becker danach beim Hallenturnier in Paris-Bercy auf. Im Finale am 2. November 1986 setzt er sich gegen den Spanier Sergio Casal mit 6:4, 6:3, 7:6 durch. Becker gewinnt bei seiner Reise über drei Kontinente 15 Matches in Folge und holt sich damit innerhalb von drei Wochen drei Masters-Titel auf drei Kontinenten – das hat es im Profitennis zuvor noch nie gegeben. Die Einträge in den Geschichtsbüchern des Sports hinter dem Namen Boris Becker werden immer länger. In Deutschland steigt seine Popularität weiter, was man sich nach seinem Wimbledon-Triumph 1986 kaum vorstellen konnte. Becker wird zum zweiten Mal in Folge zum Sportler des Jahres gewählt.

Am Ende des Jahres ist Boris die Nummer zwei der Welt hinter Ivan Lendl. Durch seine Erfolge gegen Lendl scheint es aber eine Frage der Zeit zu sein, bis Boris ganz oben in der Rangliste steht und auch dieser Meilenstein Bestandteil seiner Vita ist. Doch der Plan geht nicht auf. Im Gegenteil. Es folgt die erste Krise in der Karriere des Wunderkinds. Mit schwerwiegenden Entscheidungen und emotionalen Verletzungen, die bis heute nicht verheilt sind.

Keine Lust mehr auf „Mama Güntzi“

Beim ersten Grand-Slam-Turnier des Jahres 1987 trifft Boris Becker in der vierten Runde auf den Australier Wally Masur. An diesem Tag will dem Deutschen in der Hitze von Melbourne scheinbar nichts gelingen. Besonders mit seiner Rückhand hat er arge Probleme. Viele seiner Angriffsschläge landen im Netz, und Masur auf der anderen Seite gibt ihm mit seinem konsequenten Serve-and-Volley auch keinen Rhythmus. Becker findet einfach nicht in das Match. Zu allem Überfluss kommt es auch noch zu verbalen Scharmützeln mit dem Stuhlschiedsrichter, der den Deutschen wegen angeblichen Coachings verwarnt. Günther Bosch soll seinem Schützling von der Tribüne aus Tipps gegeben haben, was zu dieser Zeit noch verboten ist. Auch einige fragwürdige Linienrichterentscheidungen bringen den hohen Favoriten schier um den Verstand. Boris zertrümmert einen Schläger, schreit „Shut up!“ in Richtung des Publikums, welches Landsmann Masur zur Sensation gegen das Wunderkind aus Deutschland peitschen will.

Dieses Mal kann Boris den Reiz nicht in eine Energieleistung umwandeln und verliert in fünf Sätzen. 4:6, 7:6, 6:4, 6:7, 6:2 lautet am Ende das Resultat aus Sicht von Masur, der mit stehenden Ovationen von den Fans verabschiedet wird.

Zwei Tage nach dieser Niederlage folgt die große Schlagzeile: „Boris Becker und Günther Bosch trennen sich!“ Noch bevor die beiden Protagonisten wieder deutschen (oder europäischen) Boden unter den Füßen haben, bestimmt diese Breaking News die Nachrichtenlage in Deutschland. Das Wunderkind und sein Macher gehen getrennte Wege.

Was ist passiert?

Die Version von Boris Becker geht so: Boris beschwert sich nach seiner Klatsche gegen Wally Masur bei Ion Tiriac über Günther Bosch. Er fühlt sich seinem Trainer entwachsen. In seiner Biografie „Augenblick, verweile doch“ schreibt Boris, er habe Bosch in den letzten Wochen absichtlich schlecht behandelt, um die Reaktion von Bosch zu sehen. Und als dieser sich fügt, nicht auf den Tisch haut, habe er den Respekt vor ihm verloren.

„Er ließ das alles einfach mit sich machen“, so der Wortlaut von Boris in seinem Buch. Als man sich in Melbourne zu dritt zusammensetzt, findet man keine Lösung. Tiriac will Bosch nur noch bei einigen Turnieren einsetzen. Der will aber, dass alles so bleibt, wie es ist. Man will alles noch einmal überdenken und jetzt hier in Australien keine endgültige Entscheidung treffen. An diesem Punkt fällt Bosch Becker in den Rücken, ist sich Boris sicher. Er glaubt, dass Bosch sehr wohl schon seine Entscheidung getroffen hat, nämlich: nicht weiter an der Seite von Boris zu arbeiten. Bosch will einen Zeitvorsprung haben und seine Sicht der Dinge kundtun. Er will das Narrativ bestimmen, würden PR-Strategen heute wohl sagen. Bosch informiert – laut Becker – einen befreundeten Journalisten, der die Breaking News über die Kontinente direkt zur „Bild“-Zeitung getragen habe.

Wenig überraschend lautet die Version von Bosch etwas anders. Er sieht es so, dass die Allüren von Becker überhandgenommen haben und es schon aus Respekt vor sich selbst für ihn unmöglich gewesen sei, so mit Boris Becker weiterzuarbeiten. Bosch will sich nach seiner Lesart nicht mehr wie ein kleiner Junge behandeln lassen.

Wer nun wann die Nachricht an wen weitergegeben hat, sei dahingestellt. Fest steht: Das Duo Becker-Bosch ist nach der überraschenden Niederlage bei den Australian Open Geschichte. Man trennt sich aber nicht im Guten. Direkt nach der Trennung fängt Bosch an, als TV-Experte und Kolumnist die Spiele und das Verhalten seines Ex-Schützlings öffentlich zu kommentieren. Und da gibt es 1987 einiges zu kritisieren. Denn auch nach der Niederlage gegen Masur findet Becker nicht zurück in die Erfolgsspur. Bosch legt permanent den Finger in die Wunden – öffentlich. Das schmeckt Boris gar nicht. In Monte Carlo läuft man sich immer wieder mal über den Weg, was sich nicht vermeiden lässt, denn Bosch und Becker wohnen in dem gleichen Hochhaus im Fürstentum. Sie grüßen sich aber nicht. Bosch erinnert sich: „Boris ist immer fast um die Ecke gesprungen, wenn er mich gesehen hat. Im Supermarkt hat er sich hinter Regalen versteckt, nur um mir nicht in die Augen blicken zu müssen. Bis heute hat es keine Aussprache gegeben."

Ein unwürdiges Ende eines Stücks deutscher Sportgeschichte.

Boris Becker spürt nicht nur den Druck von sich selbst und der Öffentlichkeit, er empfindet ihn zum ersten Mal in seiner Karriere als etwas Negatives. Nach außen will er sich davon nichts anmerken lassen. In Wimbledon verliert der Titelverteidiger Becker sensationell in der zweiten Runde gegen den Australier Peter Doohan in vier Sätzen. Die erste Niederlage Beckers in London nach zwei Jahren. In Interviews versucht er seine Niederlage zu bagatellisieren: „Niemand ist gestorben. Ich habe keinen Krieg verloren. Ich habe einfach nur ein Tennismatch verloren". Es folgt Niederlage auf Niederlage. Bei den US Open scheitert er an Brad Gilbert. „Ich war müde“, lautet immer wieder seine Erklärung für frühe Niederlagen. Der Power-Spieler Boris Becker müde? Sein Credo lautet doch eigentlich: Ich spiele mit ganzer Power und bleibe so lange stehen, bis mein Gegner k. o. geht. So hat er sich bis ganz nach oben gespielt. Sollte sein Stern aber bereits wieder verglühen, bevor er seinen 20. Geburtstag feiert? Dann eben kein One-Hit-Wonder, sondern ein Two-Hit-Wonder?

Trotz aller Niederlagen setzt Boris 1987 noch ein sportliches Ausrufezeichen, das so manche frühe Niederlage vergessen macht. Es ist der 24. Juli 1987 im Civic Center in Hartford im US-Bundesstaat Connecticut. Deutschland und die USA stehen sich im Davis Cup gegenüber. Es ist kein großes Finale. Eher ein Duell der Verlierer. Beide Nationen haben zuvor ihre erste Runde im Davis Cup überraschend verloren. Deutschland unterlag in Spanien mit 2:3. Die USA verloren ebenfalls mit 2:3 – gegen Paraguay. Daher ist das Duell in Hartford ein Relegationsspiel. Ein Spiel um den Verbleib in der Weltgruppe der 16 besten Teams. Ein Kampf ums Überleben in der Tenniselite.

Altstar John McEnroe wird extra vom Gastgeber für den Davis Cup reaktiviert. Drei Jahre hatte McEnroe nicht mehr in dem Teamwettbewerb aufgeschlagen. Auf deutscher Seite ruhen die Hoffnungen trotz seiner ersten großen sportlichen Krise selbstverständlich auf Boris Becker.

Eric Jelen, zu jener Zeit Nummer 68 der Welt, bringt seine Mannschaft im mit über 16.000 Zuschauern vollbesetzten Hartford Civic Center nach einem hart umkämpften 6:8, 6:2, 1:6, 6:3, 6:2 gegen Tim Mayotte überraschend mit 1:0 in Führung.

Danach kommt es zum Duell der Alpha-Tiere. Becker gegen McEnroe. Mit einem Sieg kann Boris die Tür zum Verbleib in der Weltgruppe weit aufstoßen. Aber McEnroe zeigt den besseren Start und breakt Becker zum 2:0. McEnroe holt sich den ersten Satz mit 6:4.

In Satz zwei kann McEnroe zweimal ein Break Beckers kontern, und es geht in die Verlängerung. Der Tiebreak im Davis Cup wird erst 1989 eingeführt. Der Satz geht so lange, bis ein Spieler zwei Spiele Vorsprung hat.

Je länger der Satz dauert, desto mehr Feuer ist in dem Match. McEnroe stachelt das Publikum auf, Becker bleibt äußerlich cool. Bei einer 11:10-Führung hat der US-Amerikaner Aufschlag und drei Satzbälle am Stück. Becker wehrt alle Satzbälle ab und kurz darauf noch zwei weitere. McEnroe flippt aus, will das nicht wahrhaben. Das war doch eigentlich schon sein Satz und die 2:0-Satzführung. Er muss es aber doch schlucken – und es kommt für den „Bad Boy“ noch schlimmer. Becker breakt ihn zum 14:13. McEnroe verzichtet auf die Pause. Er setzt sich im Schneidersitz auf den Platz und wartet darauf, dass Kapitän Tom Gorman ihn mit Getränken und seinem Handtuch versorgt. Das Aufschlagspiel danach gewinnt Becker zu null, schafft so den Satzausgleich und feiert das mit der Becker-Faust. Das Match dauert nun schon knapp 3:30 Stunden, wobei der zweite Satz eine Länge von epischen 2:35 Stunden hat.

Den dritten Satz dominiert Becker und hat bei seinen Aufschlagspielen keine Probleme. Er kann aber seine insgesamt fünf Breakchancen nicht nutzen. Es geht wieder in die Verlängerung. Urplötzlich sind bei 9:8 zwei Satzbälle für McEnroe da, der den zweiten Satzball auch zur 2:1-Satzführung verwerten kann. Der US-Amerikaner ist außer sich vor Freude. Es sind jetzt schon knapp fünf Stunden auf der Uhr.

Doch langsam, aber sicher setzt sich die bessere Fitness des neun Jahre jüngeren Deutschen durch. Nach dem zweiten Break Beckers zum 4:1 ist der vierte Satz gelaufen, und Becker sichert sich den erneuten Satzausgleich. Die Becker-Eltern applaudieren. Sechs Stunden läuft die Partie bereits. Stolze 395 Punkte sind gespielt worden. Laute „USA, USA“-Rufe hallen durch das Civic Center.

McEnroe versucht die Ballwechsel in Satz fünf kurzzuhalten. Becker knallt ihm allerdings immer häufiger Passierbälle um die Ohren. Zwei Breaks zum 3:2 und 5:2 bringen die Vorentscheidung. Becker ist nach über sechs Stunden immer noch topfit und verwandelt mit einem Rückhand-Volley seinen ersten Matchball zum 4:6, 15:13, 8:10, 6:2, 6:2. Um 23:17 Uhr US-amerikanischer Zeit (in Deutschland geht gerade die Sonne auf) und nach 6:39 Stunden ist dieses legendäre Match beendet. Später wird die Spielzeit aufgrund einer Pause auf 6:21 Stunden nach unten korrigiert und ist damit nur um eine Minute kürzer als das bis dahin längste Tennisspiel aller Zeiten: 1982 hatte McEnroe im Davis Cup den Schweden Mats Wilander geschlagen. Rekord hin oder her. Becker sorgt jedenfalls für die 2:0-Führung Deutschlands.

Am Sonntag liegt es wieder an Becker, den Sieg klarzumachen. Inzwischen steht es nämlich 2:2 im Duell Deutschland gegen die USA. Im Doppel wird Becker geschont, und die Amerikaner verkürzen auf 1:2. Am Sonntag gleicht der wieder fitte McEnroe durch einen lockeren 7:5, 6:2, 6:1-Sieg gegen Eric Jelen zum 2:2 für die US-Amerikaner aus. Doch dann ist Boris zur Stelle. Gegen Tim Mayotte wird er seiner Favoritenrolle gerecht. Zunächst sieht es sogar aus, als würde es ganz schnell gehen. Die deutsche Nummer 1 führt schnell mit 2:0-Sätzen – mit 6:2 und 6:3. Doch auch gegen Mayotte gibt es noch das Becker-Drama. Er verliert Satz drei und vier mit 5:7 und 4:6.

Im fünften Satz ist es wieder ein Spiel der Nerven. Nachdem Becker einen Ball über seine Schulter wirft, landet dieser im

Schoß vom wütenden McEnroe, der den Deutschen daraufhin abwerfen will. Bei 2:2 gelingt Becker das entscheidende Break. Danach ist der Widerstand von Mayotte gebrochen, und Becker holt sich den Satz mit 6:2. Er führt Deutschland in dem „schwierigsten Match seines Lebens“ nach 3:42 Stunden zum umjubelten 3:2-Sieg. Becker schnappt sich eine Deutschlandfahne und dreht ein paar Ehrenrunden. Seine Teamkameraden und Landsleute jubeln ihm mit „Deutschland, Deutschland“ und „Boris, Boris“-Rufen zu. Der Rest der Halle ist still. Die USA muss zum ersten Mal aus der Weltgruppe des Davis Cups absteigen. Für seinen Gegner McEnroe findet Becker, der diesen Sieg als „Krieg“ bezeichnet, wenig schmeichelhafte Worte: „Ich bewundere ihn als Tennisspieler, aber er tut mir als Mensch leid.“

Ein historischer Sieg für Deutschland. Ein historischer Sieg für Boris Becker, der Bilder für die Ewigkeit produziert, die aber dennoch nicht darüber hinwegtäuschen können, dass das Jahr 1987 mehr Tiefen als Höhen für ihn bereithält. Auch private Tiefen.

Die Beziehung zu Bénédicte Courtin existiert nur noch offiziell. Es tauchen ständig Fotos auf, die Becker mit anderen Frauen zeigen. Mal in eindeutiger, mal in weniger eindeutiger Pose. Aber jedenfalls Bilder, die man nicht von seinem Partner oder seiner Partnerin sehen will. Becker geht aus, trinkt, feiert. Alles normal für einen 19-jährigen Mann. Allerdings nicht normal für einen 19-jährigen Mann, der 1987 eigentlich die Spitze der Tennis-Weltrangliste erreichen will. Diese rückt in weite Ferne.

Hinzu kommt, dass ihm ein Teamarzt des Deutschen Tennis Bundes Schlaftabletten verschreibt. Einmal, um sich bei den Turnieren auf verschiedenen Kontinenten und mit unterschiedlichen Zeitzonen schneller in die neue Zeitzone schlafen zu können. Aber auch, um zur Ruhe zu kommen. Doch schon bald findet Becker ohne Tabletten gar nicht mehr in den Schlaf.

Die Bosch-Trennung. Formkrise. Schlaftablettenabhängigkeit. Promillereiche Party-Nächte. Private Liebesturbulenzen mit den dementsprechenden Schlagzeilen. Es ist das erste Mal, dass sich Deutschland und die Tenniswelt fragt: Kommt dieses deutsche Wunderkind zurück? Findet er zu der Unbeschwertheit zurück, die ihn binnen zwei Jahren zum globalen Superstar hat werden lassen? Wird er wieder aufstehen?

Australische Sehnsucht und schwedische Träume

Der irische Dramatiker Bernard Shaw sagte einmal: „Die Erfolgreichen suchen sich die Umstände, die sie brauchen. Wenn sie diese nicht finden, schaffen sie sich die Umstände selbst." So geht auch Boris Becker vor. Denn er merkt selbst, dass es so nicht weitergehen kann. Dass er in einem Strudel gefangen ist und ihn dieser Strudel nach unten zieht. Er drückt von sich aus auf den Stoppknopf des Strudels. Eine wahrscheinlich genauso große Leistung oder Gabe wie die von Bernard Shaw beschriebene Fähigkeit, sich die perfekten Umstände selbst zu schaffen.

Eine Schlüsselrolle nimmt sein neuer Coach ein: Bob Brett. Eine Überraschung. Nicht wenige hatten auf eine Wiedervereinigung von Boris Becker und Günther Bosch spekuliert. Spekuliert wird aber auch über die Variante, dass Ion Tiriac das Coaching von Becker dauerhaft übernimmt. Schließlich hat Tiriac das immer mal wieder sporadisch gemacht. Becker aber entscheidet sich für den Australier Bob Brett. Es kommt zu heftigen Diskussionen zwischen Becker und Tiriac. Der Rumäne will Bob Brett als Trainer unbedingt verhindern. Boris mag jedoch die Art des Australiers, der zu dieser Zeit noch keinen großen Namen in der Tenniswelt hat. Respektiert wird er, keine Frage. Aber ist er wirklich imstande, den Deutschen aus der

Formkrise und zurück an die Spitze zu führen? Nicht nur Ion Tiriac hat Zweifel. Doch diese Zweifel sind es, die bei Boris mal wieder einen Reiz auslösen, eine Trotzreaktion hervorrufen. Nach dem Motto: Ich werde euch schon zeigen, dass meine Entscheidung die richtige ist. Er boxt die Wahl durch und hat auch noch ein paar Giftpfeile für Günther Bosch parat. „Bob Brett ist mein erster richtiger Trainer. Er behandelt mich wie einen Erwachsenen", sagt Becker bei der Verpflichtung des Australiers.

Mit Bob Brett kommen die Erfolge zurück. Noch nicht die ganz großen Triumphe, aber Becker ist wieder ganz vorne im Konzert der Großen dabei. Zu seinem ärgsten Rivalen in dieser Zeit kristallisiert sich immer mehr Stefan Edberg heraus. Gegen ihn verliert der Deutsche 1988 im Wimbledon-Finale, obwohl er den Schweden zuvor in Queen's auf Rasen noch schlagen konnte. Sieben Grand-Prix-Siege holt Becker in dem Jahr. Seinen größten Sieg im Jahr 1988 feiert er aber nicht allein, sondern im Team. Zum ersten Mal gewinnt Deutschland den Davis Cup, was ohne die erfolgreiche „Schlacht von Hartford" gegen John McEnroe gar nicht möglich gewesen wäre, da man bei einer Niederlage gegen die USA im Jahr darauf nicht in der Weltgruppe um den Titel hätte spielen können.

Der Einzelkämpfer Boris wird in der Mannschaft zum Teamplayer. So werden auch seine Mitspieler besser. Im Davis-Cup-Finale in Göteborg gegen Schweden sind Becker & Co. eigentlich klare Außenseiter. Der Gastgeber geht mit der Nummer eins der Welt, Mats Wilander, und dem amtierenden Wimbledon-Sieger Stefan Edberg an den Start. Dazu kommt das Weltklasse-Doppel Stefan Edberg/Anders Järryd.

Das deutsche Team mit Boris, Carl-Uwe „Charly" Steeb, Eric Jelen und Patrik Kühnen ist allerdings eine verschworene Truppe. Nicht nur aus Tennisprofis, sondern aus Freunden. Sie vereinbaren, dass jeder Spieler das gleiche Geld bekommt. Egal, ob man gewonnen oder verloren hat. Oder vielleicht sogar gar nicht gespielt hat. Die Profis kennen sich schon lange, und wenn man sich für den Davis Cup trifft, wird der Schläger schon mal ein bisschen tiefer in der Tasche verstaut und dafür abends um die Häuser gezogen. Der Leistung schadet das nicht. Durch die Runden zuvor ist das Team um Davis-Cup-Kapitän Niki Pilić geflogen. 5:0 gegen Brasilien, 5:0 gegen Dänemark, 5:0 gegen Jugoslawien. Boris ist der klare Anführer. Auch im Finale gegen die Schweden. Dass sich die Gastgeber für Sand als Belag entschieden haben, stellt sich als Fehler heraus. Der langsame Sand kommt nur Mats Wilander entgegen. Stefan Edberg liegt er fast noch weniger als Boris Becker. Doch Wilander patzt. Anders gesagt: Im Auftakteinzel zeigt Charly Steeb das Match seines Lebens und zwingt den Weltranglisten-Ersten in fünf Sätzen in die Knie. Danach macht Becker in drei Sätzen kurzen Prozess mit Stefan Edberg. Den entscheidenden Punkt holt am Tag darauf das Doppel Becker/Jelen gegen Edberg/Järryd. Der nächste Eintrag Beckers in die Geschichtsbücher des Sports. Diesmal steht dort aber nicht nur sein Name, sondern auch die Namen von Carl-Uwe Steeb, Eric Jelen und Patrik Kühnen.

Becker beweist, dass er mehr ist als ein Einzelkämpfer. Er beweist, dass er auch ein Team führen kann. So erinnert sich auch Patrik Kühnen an Boris im Davis Cup: „Wir wussten immer, auf Boris können wir uns zu hundert Prozent verlassen. Er spielt immer. Zwei Einzel und Doppel. Das war für ihn auch vollkommen klar. Er hat sich mit dem Team identifiziert. Wenn wir bereits nach dem Doppel uneinholbar mit 3:0 geführt haben, ist er selbstverständlich trotzdem bei uns geblieben."

Kühnen kennt Boris auch noch aus Jugendzeiten, ähnlich wie Udo Riglewski. Noch mehr als das Tempo und die Aggressivität in den Grundschlägen imponiert ihm die Mentalität Beckers: „Diese Willenskraft, dieser unglaubliche Wille, die Matches zu gewinnen. Das habe ich bei keinem Spieler mehr so erlebt. Oft dient es ja als Floskel, aber mit seinem Biss, seiner Emotionalität, Leidenschaft und ebenso dieser schier unerschöpflichen Willenskraft konnte er sprichwörtlich Berge versetzen."

An eine Situation erinnert sich Kühnen besonders. Nach dem Davis-Cup-Sieg 1988 trifft das deutsche Team zum Auftakt der neuen Davis-Cup-Saison 1989 in Prag auf die Tschechoslowakei. Zum Auftakt des letzten Tags steht es aus deutscher Sicht 1:2. Charly Steeb schafft mit einem 6:3, 6:4, 6:4 gegen Karel Nováček den Ausgleich. Eric Jelen und Patrik Kühnen beglückwünschen Steeb in der Kabine. Boris ist nicht dabei. Er macht sich warm. In der Kabine herrscht jedoch Anspannung. Noch ist nichts gewonnen. 2:2 steht es gerade mal. Und dann: „Boris kommt angeschwitzt in die Kabine, umarmt Charly und jubelt, als sei das Ding schon durch. Wir haben uns alle angeschaut und gedacht: Der weiß aber schon, dass er jetzt noch vor frenetischen Heim-Fans gegen einen bärenstarken Milan Šrejber spielen und gewinnen muss?" Ja, weiß er. Die deutsche Nummer eins geht damit nur komplett anders um als der Rest des Teams. Bei ihm gibt es keine Angst oder Zweifel. Sondern ausschließlich Überzeugung und den Glauben an die eigene Stärke.

„Boris hat sich dann die Tasche geschnappt und nur noch gesagt: ‚Jungs, ich mach das jetzt!' Genauso ist es dann auch gekommen. Er hat Milan Šrejber keine Chance gelassen. Diese Lust an der Herausforderung verbunden mit der Überzeugung, es auch zu schaffen, fand ich überragend. Das hat uns als Team auf ein anderes Level gehoben."

1989 kann das deutsche Team den Davis-Cup-Erfolg aus dem Vorjahr wiederholen. Wieder geht es im Finale gegen Schweden.

Diesmal vor heimischem Publikum in Stuttgart mit einem äußerst knappen Ergebnis. 3:2 heißt es am Ende für Deutschland. Boris ist im Endspiel der überragende Spieler. Er gewinnt seine beiden Einzel gegen Mats Wilander und Stefan Edberg jeweils ohne Satzverlust. Gerade einmal zwölf Spiele gibt er in beiden Matches zusammen ab. 6:2, 6:2, 6:4 lautet das Resultat gegen Edberg. 6:2, 6:0, 6:2 gegen Wilander. Auch im Doppel an der Seite von Eric Jelen ist er erfolgreich.

1989 ist für ihn aber auch jenseits des Davis Cups ein äußerst erfolgreiches Jahr. Im Wimbledon-Finale kreuzen sich seine Wege mal wieder mit Stefan Edberg. Doch dieser 9. Juli 1989 ist aus noch einem anderen Grund ein besonderer Tag. An demselben Tag kämpft nämlich auch Steffi Graf um den Titel an der Church Road. Eigentlich hätte sie gegen ihre Dauerrivalin Martina Navratilova zwar, wie üblich, am Samstag antreten sollen, der Dauerregen in London bringt den Terminplan jedoch durcheinander. So finden Damen- und Herrenfinale an einem Tag statt. Und Steffi Graf legt vor. Die Neuauflage des Vorjahresfinals ist ein Duell der Superlative: Golden-Slam-Gewinnerin Graf gegen die Wimbledon-Rekordsiegerin Navratilova. Nach einem Hänger im zweiten Satz heißt das Endergebnis 6:2, 6:7 (1), 6:1 für die Deutsche.

Danach kommt Boris; und er macht den Center Court von Wimbledon endgültig zu seinem „Wohnzimmer". Den ersten Satz gewinnt er mit 6:0. Er zeigt Rasentennis in Perfektion. Die Sätze zwei und drei werden zwar etwas knapper, dennoch ist Becker an diesem Tag einfach zu stark für Edberg. Der nächste Wimbledon-Triumph Beckers ist mehr als verdient. Becker gewinnt zum dritten Mal die wichtigste Tennistrophäe der Welt, und Tennis-Deutschland hat sein Märchen. Zwei deutsche Wimbledon-Sieger an einem Tag. „Steffi und Boris" sind das neue Traumpaar. Rein sportlich. Auch wenn sich der Boulevard sichtlich Mühe gibt, den beiden Superstars mehr als nur eine sportliche Beziehung anzudichten.

Der Boris-Wahnsinn in Deutschland ist auf seinem Höhepunkt. Das bekommt auch Patrik Kühnen hautnah mit. Und er gelangt zu einer erstaunlichen Erkenntnis. Trotz allem Jubel, aller Anerkennung und Bewunderung, die Boris erfährt, sagt sein langjähriger Begleiter und Freund: „Was auf Boris alles eingeprasselt ist, ist wirklich der Wahnsinn. Ich erinnere mich noch, dass ich nach seinem ersten Wimbledon-Sieg mal nach Leimen gefahren bin, um ihm zu gratulieren. Damals gab es noch keine Handys. Aber ich bin nicht mal bis in die Stadt gekommen. Geschweige denn an Boris ran. Da ist mir das erste Mal bewusst geworden, was da wirklich passiert und wie sich das Leben für ihn jetzt verändert. Im Laufe der Jahre und auch heute frage ich mich immer wieder: Wäre es mir das wert gewesen? Sportlich war ich nie in der Lage, dahinzukommen. Aber wenn ich mir es vorstelle: die totale Aufgabe der Privatsphäre. Das permanente Leben in der Öffentlichkeit. Der Rückzugsort für mich und meine Familie ist mir extrem wichtig. So ein Leben, wie das von Boris, wäre nichts für mich gewesen.“

1991: Ganz oben und der Feind in meinem Wohnzimmer

Noch ist Boris aber gar nicht ganz oben angekommen. Eine Sache fehlt noch, die wahrscheinlich wichtigste Sache für einen Tennisprofi. Platz eins in der Weltrangliste. Pokale und Turniersiege sind schön. Sie sind greifbar. Sichtbar. Mit einer Trophäe in der Hand und einem Lächeln im Gesicht strahlen die Champions auf Bildern in die ganze Welt. Für Tennisprofis hat Platz eins in der Weltrangliste allerdings noch mal eine besondere Bedeutung. Diese Position symbolisiert das Ergebnis einer meist jahrzehntelangen Arbeit. Sie ist das Resultat einer kontinuierlichen Leistung auf Top-Niveau – und nicht nur Ausdruck eines womöglich kurzen Aufflackerns, was ein Turniersieg durchaus sein kann. Unter den Spitzenspielern spielt es immer eine große Rolle, ob man einmal während der Karriere die Top-Position innehatte. Dann gehört man fraglos zu den größten Spielern aller Zeiten. Die Nummer eins ist ein Mythos. Der amerikanische Tennisjournalist und Autor Christopher Clarey hat sie als „höchste mathematische Form der Schmeichelei" ausgezeichnet. Wie jeder Bergsteiger von der Besteigung des Mount Everests träumt, so will jeder Tennisprofi diesen Gipfel erklimmen.

Die Geburtsstunde der Nummer eins im Welttennis ist der 23. August 1973. An jenem Montag werden in Ponte Vedra, dem floridianischen Hauptquartier der ATP, zum ersten Mal Zahlenkolonnen von einem Computer ausgespuckt. Ganz oben steht damals Ilie Năstase. Und da soll auch mal der Name Boris Becker stehen, hatte der Leimener schon in der Jugend immer wieder kundgetan.

Im Januar 1991 ist es so weit. Genauer gesagt am 27. Januar 1991. Doch bis es bei den Australian Open wirklich eintritt, liefert Becker wieder einmal das ganz große Drama „Down Under“. In seinem Drittrunden-Match steht Becker fünf Stunden und elf Minuten bei glühender Hitze gegen den Italiener Omar Camporese auf dem Platz und kämpft seinen Gegner mit 14:12 im fünften Satz nieder. Im Laufe des Turniers erholt er sich aber wieder und kommt bis ins Finale. Und wer wartet dort auf ihn? Zu dieser Zeit kommen eigentlich nur zwei Namen in Frage: Stefan Edberg oder Ivan Lendl. Es ist Ivan Lendl, der im Halbfinale den anderen Dauerrivalen aus Schweden höchstpersönlich bezwungen hat. Die Bilanz zwischen Lendl und Becker ist vor dem Finale ausgeglichen. Neunmal konnte Lendl gewinnen, neunmal auch Becker. Das Gefühl sagt etwas anderes, weil der Deutsche Lendl oft in großen Finals bezwungen hat, aber der konstante Lendl war immer wieder bei kleineren Turnieren gegen Becker erfolgreich. Für Becker winkt nicht nur der erste Erfolg bei den Australian Open, damit würden nur noch die French Open in seiner Grand-Slam-Sammlung fehlen, sondern eben auch die Nummer eins der Weltrangliste. Dafür muss er „nur“ noch Lendl schlagen.

Aber der Deutsche legt einen Fehlstart par excellence hin. War es oft seine Stärke, dem Gegner auf der großen Bühne vom ersten Ballwechsel an zu zeigen, heute bin ich der Chef auf dem Platz und diktiere das Geschehen, unterlaufen ihm im ersten Satz gegen Lendl unglaublich viele einfache Fehler. Vor allem mit der Rückhand. Er scheint plötzlich doch angeschlagen von den körperlichen Strapazen der letzten Tage. In den Pausen dehnt er seine Oberschenkel und Gesäßmuskeln. Vor dem Aufschlag scheint er sich unwohl zu fühlen. Kreist mit seiner Hüfte, als wolle er etwas einrenken.

In Satz zwei findet er wie aus dem Nichts wieder zu sich. Lendl scheint auch überrascht, dass der vermeintlich angeschlagene Gegner plötzlich wieder völlig ohne Probleme über den Platz rennt. Er zeigt sogar seinen legendären Becker-Hecht und macht Punkt um Punkt. Es ist nun keine Frage mehr, wer der bessere Spieler auf dem Platz ist. Bei 5:4 im vierten Satz braucht Becker nur noch ein Spiel, um das Match zu gewinnen. Er attackiert vom ersten Punkt an, will die Entscheidung. Schnell steht es bei Aufschlag Lendl 0:40. Drei Matchbälle für den Deutschen. Beim ersten Matchball attackiert Becker mit einem Rückhand-Slice und stürmt ans Netz. Lendl passiert mit einem trockenen Rückhand-Cross. Beim zweiten Matchball muss Lendl über den zweiten Aufschlag gehen. Er will Becker mit einem Topspin-Aufschlag zwingen, eine Rückhand zu spielen. Becker umläuft aber seine Rückhand und setzt den Vorhand-Return unerreichbar für Lendl die Linie entlang.

Game, Set and Match: Becker!

In seiner typischen Art reißt Boris die Arme hoch, trippelt ein wenig nach vorne und schreit seine Freude heraus. Seinen Schläger wirft er mit vollem Schwung in das Publikum, geht dann zum Netz und holt sich dort den etwas kühlen Handshake von Ivan Lendl ab. Auf der Tribüne jubelt Bob Brett. Das Duo hat es nun auch allen Kritikern endgültig bewiesen. Eine deutsch-australische Kooperation, die beide an die Spitze der Tenniswelt geführt hat.

Boris Becker am Ziel seiner Träume.

Allerdings nicht für sehr lange. Becker muss wenige Wochen später im Viertelfinale des ATP-Turniers in Brüssel verletzungsbedingt aufgeben. Diese Aufgabe bedeutet, dass ihn nach nur drei Wochen Stefan Edberg auf dem Tennisthron ablöst. 1991 ist das Jahr, in dem er aber noch einmal ganz oben in der Rangliste steht. Jedoch ist der erneute Sprung an die Spitze für ihn mit einem sehr bitteren Beigeschmack verbunden: der schmerzhaftesten Niederlage seiner Profikarriere.

1989 war schon ein historisches Wimbledon-Turnier für deutsche Tennis-Fans. Mit Steffi Graf und Boris Becker waren zwei Deutsche an der Church Road nicht zu schlagen. 1991 setzt sogar noch einen drauf. Steffi Graf hat am Samstag zum dritten Mal die Damen-Konkurrenz gewinnen können, und am nächsten Tag stehen sich zum ersten Mal – und bis heute zum einzigen Mal – zwei deutsche Spieler im Endspiel der Herren gegenüber. Boris Becker und Michael Stich.

Die Vorzeichen könnten nicht unterschiedlicher sein. Auf der einen Seite serviert mit Becker der arrivierte Superstar auf dem Rasen. Dreifacher Champion, geliebt von den Fans in London. Auf der anderen Seite steht mit Michael Stich ein 22-jähriger Newcomer. Er ist nur ein Jahr jünger als Becker, hat aber einen völlig anderen Karriereweg eingeschlagen. Er hat nicht bereits als Teenager auf die Karte Profitennis gesetzt, sondern zunächst sein Abitur absolviert und erst danach seine Profilaufbahn eingeschlagen. Auch charakterlich könnten die beiden Kontrahenten kaum unterschiedlicher sein. Stich entspricht dem Klischee des norddeutsch-unterkühlten Typs, der seine Emotionen nur sehr selten zeigt. Becker dagegen lässt jede seiner Emotionen auf dem Platz. Er nimmt die Zuschauer mit auf seine emotionale Achterbahnfahrt während eines Matches. Undenkbar für Stich, der mit seinem Auftreten für einen

Tennissport steht, der mehr der Tradition entspricht und aus der elitären Ecke der Gesellschaft kommt, während Becker Tennis in die breite Masse getragen hat.

Dass dieser Michael Stich überhaupt im Finale ist, hat der gebürtige Pinneberger der Netzkante zu verdanken. Im Achtelfinale steht er gegen Alexander Volkov vor dem Aus. Der Russe serviert bei 5:5 aus seiner Sicht zum Matchgewinn. Bei 30:30 spielt Stich eine Vorhand aus vollem Lauf, die von der Netzkante über Volkov hinweg noch auf die Seitenlinie trudelt. Den Sieg vor Augen bringt dieser Netzroller Volkov völlig aus dem Konzept. Stich rettet sich und gewinnt den fünften Satz mit 7:5. Im Halbfinale schlägt er den Weltranglisten-Ersten Stefan Edberg. Kurioserweise, ohne dass der Schwede einmal sein Aufschlagspiel abgeben muss. 4:6, 7:6 (5), 7:6 (5), 7:6 (2) lautet das Ergebnis für Stich.

Durch den Stich-Sieg gegen Edberg ist klar, dass – egal wie das Endspiel auch ausgeht – nach Wimbledon Boris Becker wieder die Nummer eins der Tenniswelt ist. Becker hat 1991 in Wimbledon nämlich weniger Punkte zu verteidigen als Edberg, gegen den er im Jahr zuvor in fünf dramatischen Sätzen das Endspiel verloren hatte.

Die Rollen sind am 7. Juli 1991 vor den Augen von Prinzessin Diana daher klar verteilt. Becker, der große Favorit. Stich, der krasse Außenseiter. Stich gelingt aber bereits der erste Wirkungstreffer, noch bevor die Finalisten den Center Court überhaupt betreten haben. In der Umkleidekabine treffen sich die beiden. Becker ist gerade dabei, sich mit seinen Routinen auf das Match vorzubereiten. In der zu diesem Zeitpunkt des Turniers fast leeren Umkleidekabine geht Stich auf Becker zu. Er freut sich so sehr, dass zwei Deutsche heute hier in Wimbledon das Finale bestreiten, dass er Boris umarmt.

Der ist völlig perplex, wird aus seiner Matchvorbereitung gerissen.

Dem Außenseiter Stich gelingt auch kurz darauf auf dem Platz der erste Wirkungstreffer. Er breakt Becker gleich in dessen erstem Service-Game. Zwar schafft es Becker, seinem Landsmann den Aufschlag zum 3:3 ebenfalls abzunehmen, jedoch macht Stich mit starken Returns das erneute Break zum 4:3. Schließlich sichert er sich mit 6:4 den ersten Durchgang.

Im zweiten Satz kommt Becker etwas besser ins Spiel. Stich hält sein Niveau. So fällt die Entscheidung im Tiebreak. Hier hat Stich die besseren Nerven und holt sich mit einem Ass zum 7:4 auch den zweiten Satz.

Nun ist es für Becker ein sehr langer Weg zurück. Es ist eine der wenige Male in seiner Karriere, dass er auf dem Platz hoffnungslos wirkt. Er lamentiert, flucht und schreit zwar immer wieder in seinen Matches, hat dabei allerdings auch dieses Funkeln in den Augen, das sagt: Ich bin noch nicht tot. Dieses Match drehe ich noch. Am 7. Juli 1991 ist da aber kein Funkeln. Sondern nur das Lamentieren, Fluchen und Schreien. Über die Außenmikrofone hört man ihn hadern: „Wimbledon-Finale, und ich spiele mein schlechtestes Tennis“. Fast schon weinerlich fleht der dreimalige Champion den Ball und seinen Schläger an: „Rüber, rüber!“ Es hilft nichts. Stich ist an diesem Tag der klar bessere Spieler. Bei 5:4 im dritten Satz hat er Matchball bei Aufschlag Becker. Dieser serviert Stich in dessen vermeintlich schwächere Vorhand. Damit hat der Norddeutsche jedoch gerechnet und geht mit voller Überzeugung in den Return, der unerreichbar an dem ans Netz stürmenden Becker vorbeizieht. Stich fällt auf die Knie und reißt seine Arme in die Luft.

„Game, Set and Match, Becker!“, heißt es von Stuhlschiedsrichter John Bryson. „Becker“? Auch John Bryson scheint es nicht glauben zu können, dass Michael Stich gerade im „Wohnzimmer“ von Becker den Wimbledon-Titel gewonnen hat. Doch die Verwechslung fällt in diesen Sekunden niemandem auf. Becker und Stich treffen sich am Netz. Stich umarmt den geschlagenen Becker, dem das sichtlich unangenehm ist. Ihm wäre wohl ein dezenter Handshake lieber gewesen.

Als Stich kurz darauf den Wimbledon-Pokal in die Luft hievt und ihn sich immer wieder mal auf den Kopf setzt, sitzt Becker fast teilnahmslos auf seinem Stuhl. Es ist und bleibt die bitterste Niederlage in seiner Karriere. Da hilft auch nicht, dass er am nächsten Tag auf Platz eins der Weltrangliste stehen wird.

Er ist die traurigste Nummer eins der Tennisgeschichte. Eine Nummer eins in der Krise, die mal wieder zeigen muss, dass sie nach einer Niederlage zurückkommen und den Feind aus seinem „Wohnzimmer“ vertreiben kann.

Die große Liebe und eine goldene Zweckgemeinschaft

Die Krise von Boris Becker ist auch eine Art Sinnkrise. Er fühlt sich einsam. Er hat zwar immer wieder Frauen an seiner Seite, die verschwinden jedoch auch recht schnell wieder. Mal von ihm aus, mal wollen die Frauen sich nicht der ständigen Beobachtung und Bewertung als „Die Frau von …“ aussetzen.

Sportlich verliert er 1991 schnell wieder die Position als Nummer eins der Welt und scheidet auch beim ersten Grand-Slam-Turnier nach Wimbledon früh in der dritten Runde der US Open gegen den Niederländer Paul Haarhuis aus. Das sogar sang- und klanglos mit 3:6, 4:6, 2:6. Danach legt Becker erst mal eine Turnierpause ein, um den Körper etwas zu schonen, aber auch um den Kopf freizubekommen. Viel, sehr viel Zeit verbringt er dabei in München, was ihn wenige Jahre später fast ins Gefängnis bringt. Das ist aber ein anderes Kapitel in seinem Leben, und in diesem Buch. Am 1. Oktober 1991 sind solche Probleme noch meilenweit entfernt. Becker ist abends im Münchner Stadtteil Schwabing auf einem Event im Café Reitschule eingeladen. Nach wenigen Minuten fällt ihm eine junge Frau an der Bar auf. Dunkle Haut, lange schwarze Haare. Als neben der Frau ein Platz frei wird, setzt sich Becker direkt neben sie. Becker hält sich wie auf dem Tennisplatz nicht mit langem

Vorgeplänkel auf. Dass die junge Frau Barbara heißt, hat er von ihr erfahren, dann kommt er zur Sache: „Eigentlich müssen wir jetzt nicht mehr reden – es ist alles klar“, sagt er bestimmt.

„Was ist klar?“, will Barbara etwas verwirrt wissen.

Antwort Boris: „Gehen wir zu dir oder mir?“

„Einen blöderen Spruch habe ich ja noch nie gehört“, zeigt sich Boris’ Objekt der Begierde so gar nicht begeistert.

Boris erkennt, dass sie seinen Spruch nicht lustig findet oder auch gar nicht verstanden hat. Boris will das Kennenlernen nicht möglichst auf die non-verbale Ebene verschieben, sondern er weiß aus Erfahrung, dass sich ein Mann mit seiner Bekanntheit vor allem in Deutschland nur in den eigenen vier Wänden in Ruhe mit jemandem unterhalten kann, erst recht mit einer attraktiven jungen Frau.

Irgendwie gefällt Barbara, die auf den Nachnamen Feltus hört, trotzdem die forsche Art. Viel Zeit bleibt den beiden allerdings nicht. Sie muss am nächsten Morgen um sechs Uhr mit dem Zug zu einer Modenschau nach Salzburg aufbrechen, und Boris fliegt in wenigen Stunden zum nächsten Turnier nach Tokio. Er will nämlich zurück in das Turniertennis.

Beide steigen in den grünen Ferrari Beckers und fahren durch die Münchner Nacht. Sie haben abgemacht, dass Boris seine Begleitung nur noch nach Hause fährt und man sich dann verabschiedet. Um die Fahrt etwas zu verlängern, nimmt Boris den ein oder anderen Umweg. Der in München lebenden Feltus fällt das natürlich auf, und sie will nun auf direktem Weg nach Hause.

Dort endet der Ausflug dann auch. Boris bittet sie noch, ihm unbedingt ihre Telefonnummer zu geben. Nicht auf einem Zettel. Auf zwei Zetteln. Sicher ist sicher. Wenige Stunden später sitzt Barbara Feltus im Zug nach Salzburg, Boris im Flieger Richtung

Tokio. Wobei sitzen? Die meiste Zeit steht er am Gang oder vor den Toiletten und schwärmt seinem Team von der neuen Frau in seinem Leben vor.

Zu alter Stärke findet er in Japan noch nicht zurück – er verliert im Viertelfinale gegen den US-Amerikaner Derrick Rostagno in drei Sätzen. Vielleicht auch, weil er jede Nacht stundenlang nach Deutschland telefoniert. Am anderen Ende der Leitung: Barbara Feltus.

Nach Tokio findet das nächste Turnier in Stockholm statt. Körperlich fühlt Becker sich wieder besser. Er wählt aber nicht den direkten Weg nach Stockholm. Er legt einen Zwischenstopp in München ein. Für ein zweites Date mit Barbara. Kurz darauf läuft er in Stockholm wieder zu alter Form auf. Becker gewinnt das Turnier in der schwedischen Hauptstadt, ab dem Viertelfinale gegen eine illustre Runde an Gegnern. Zunächst bezwingt er den aufstrebenden Jungstar Pete Sampras, im Halbfinale den an Nummer drei gesetzten Sampras-Landsmann Jim Courier, und im Endspiel entzaubert er den inzwischen wieder Weltranglisten-Ersten und Lokalmatadoren Stefan Edberg. Es ist der erste Turniersieg Beckers seit seinem Triumph bei den Australian Open Anfang 1991.

Zurück in Deutschland – natürlich in München – will Boris nun endgültig Klarheit. Und so sind er und Barbara Feltus ab sofort ein Paar. Zunächst heimlich. In Hotels checken sie unter falschem Namen ein. Bei den ATP-Finals Ende des Jahres in Turin ist Barbara zwar dabei, bleibt aber die meiste Zeit im Hotelzimmer. Noch will man sich nicht der Öffentlichkeit stellen. Das geschieht wenige Wochen später. Dafür hat man sich Australien ausgesucht. In Perth gehen Boris und Barbara gemeinsam auf eine Silvesterparty. Am Tag danach hat die „Bild"-Zeitung ihre Schlagzeile. Sie druckt aber noch kein gemeinsames Paar-

Foto, sondern ein freizügiges Foto aus Barbaras Model-Kartei. Die Schlagzeile dazu lautet: „Babsie-Strapsie, die Neue von Boris Becker". Auch vom „Cappuccino-Ton" ist zu lesen. Und die Stoßrichtung ist damit vorgeben. Es geht nicht nur um sexy Fotos und Klischees über Models, schnell spielt die Hautfarbe Barbaras eine Rolle. Am Anfang noch subtil, relativ wertfrei. Wobei man sich schon fragen kann, warum ihre Hautfarbe überhaupt erwähnenswert ist. Aber so funktioniert der Boulevard. Damals wie heute.

Barbara gehört ab sofort zum Team Becker. Sie fliegt mit ihm zu fast jedem Turnier. Sportlich läuft es alles andere als perfekt zu Beginn ihrer Beziehung. Bei den Australian Open 1992 verliert Boris in der dritten Runde gegen Altmeister John McEnroe. Nun muss er diese Niederlage aber nicht mehr alleine verarbeiten. Wenn die Zimmertür im Hotel hinter ihm ins Schloss fällt, wartet jemand auf ihn. Dort ist jemand, mit dem er sich austauschen kann. Er muss seine Niederlagen, aber auch seine Siege nicht mehr alleine mit sich ausmachen. Er hat nun eine Co-Pilotin. Eine Begleiterin in allen Lebenslagen. Genau das ist es, was er in den letzten Jahren so vermisst hat. Mit Barbara Feltus hat er diese Leere überwunden.

Auf der Position der Spielerfrau hat Boris nun endlich Konstanz. Schwerer tut er sich aber auf der Trainerposition. Nach dem Erreichen der Nummer eins der Welt ist das Verhältnis mit Bob Brett irgendwie am Ende. Gar nicht böswillig oder mit Argwohn. Es ist einfach die Luft raus. Jahre später gibt Becker zu Protokoll, dass aus seiner Sicht Bob Brett einen Höhenflug erlebt habe und nun der große Star in Australien werden wollte und ihm das Reisen als Coach plötzlich zu profan geworden sei.

Offiziell begründet Brett die Trennung von Becker so: „Ich fühlte, dass Boris keinen Betreuer mehr rund um die Uhr nötig hatte. Ich wusste, dass er mich nicht mehr brauchte. Es galt, einen wunderbaren Abschnitt und eine sehr harmonische Beziehung zu beenden."

Becker fühlt sich zudem auch so gereift, dass er nicht sicher ist, ob er überhaupt noch einen Trainer benötigt. Vielleicht eher einen Mitreisenden, der Plätze, Schläger, Bälle und Trainingspartner organisiert. Aber niemanden mehr, der ihn formen soll. Autoritäten zu akzeptieren, gehört seit jeher nicht zu den Stärken des dreifachen Wimbledon-Champions. Nach Brett ist zunächst Davis-Cup-Kapitän Niki Pilić für einige Wochen an der Seite Beckers. Der merkt aber schnell, dass die Doppelbelastung nichts für ihn ist. Zudem steht mit Michael Stich noch ein zweiter deutscher Spitzenspieler für das deutsche Davis-Cup-Team parat, der nur ungern auf der Bank mit dem Coach des Erzrivalen sitzt und sich Tipps geben lässt. Ein offenes Verhältnis zwischen Stich und Pilić wäre unter diesen Voraussetzungen ausgeschlossen. Danach fällt Beckers Wahl auf den Tschechoslowaken Tomáš Šmíd, was viele überrascht. Der damals 35-jährige Šmíd tritt selbst noch bei Turnieren als Doppelspieler an. Dafür muss er trainieren. Zudem steht der Tschechoslowake auch noch in der österreichischen Tennisliga bei einem Grazer Klub unter Vertrag.

Was Becker aber auch an Tomáš Šmíd reizt: die Möglichkeit, es Michael Stich zu zeigen. Der hat nämlich auch für eine kurze Zeit mit Tomas Smid als Trainer zusammengearbeitet. Länger als vier Monate halten es Stich und Smid jedoch nicht gemeinsam aus. Und Stich gibt seinem Ex-Coach keine positiven Worte mit auf den Weg. „Anstatt sich nur aufs Coachen zu beschränken", beklagt der Wimbledon-Champion von 1991, habe Šmíd habe viel lieber selbst spielen wollen. „Unter seiner Regie habe ich ziemlich beschissen gespielt", so das vernichtende Urteil von Michael Stich in Richtung seines Ex-Coaches.

Wenn jetzt er, Boris Becker, aber beweisen könnte, dass man unter Tomáš Šmíd sehr wohl erfolgreich Tennis spielen kann, wäre das so ganz nach seinem Geschmack, und er hat mal wieder einen Reiz für seine Motivation auf dem Trainings- und Turnierplatz. Das gelingt einigermaßen. Mit Šmíd fährt Becker nicht die großen Titel ein, aber kommt wieder in Form. Aber die sportliche Offenbarung ist es auch zwischen Boris Becker und Tomáš Šmíd nicht. Man trennt sich 1992.

In demselben Jahr kommt es vor heimischem Publikum noch zu einem weiteren sehr denkwürdigen Duell zwischen Boris Becker und Michael Stich. Im Halbfinale des Hamburger Turniers am Rothenbaum treffen die beiden aufeinander. Becker spielt zwar vor deutschen Fans, dennoch ist es für ihn so etwas wie ein Besuch im fremden Land. Von Stichs Heimat Elmshorn fährt man gerade einmal eine halbe Stunde bis zum Rothenbaum. Schon als Kind war Stich bei dem Turnier Balljunge. Für den Norddeutschen ist es daher viel mehr ein Heimspiel als für Boris, und deshalb liegen auch die Sympathien der Zuschauer mehr auf seiner Seite.

Das Wetter hat 1992 den Turnierplan in Hamburg gehörig durcheinandergeworfen. Der Center Court verfügt noch über kein Dach. So muss Becker am 10. Mai 1992 zunächst noch sein Viertelfinalmatch gegen den Tschechen Karel Novacek beenden, erst dann kommt es zum Showdown mit Stich. Es entwickelt sich eine beeindruckende Machtdemonstration von Stich. Der gebürtige Elmshorner zeigt an diesem Tag, was viele Experten bis heute in ihm sehen. Wenn alle Spieler zu dieser Zeit ihr bestes Tennis abrufen, ist Stich der Beste. 6:1, 6:1 heißt es nach gerade einmal 71 Minuten für Stich. In die deutsche Sportgeschichte geht das Foto ein, auf dem Becker, die Hände zu einer bittenden Geste gefaltet, kniend sich im T-Feld befindet und bei seinem Gegner auf der anderen Seite des Netzes um Gnade fleht. Stich macht das Spielchen mit und geht ebenfalls in seinem T-Feld auf die Knie und breitet die Arme auseinander, nach dem Motto: Was soll ich machen? Nur Gnade zeigt er keine.

Doch 1992 sind Becker und Stich nicht nur Gegner. Im Schatten der olympischen Ringe kommt es zu einer überraschenden Zweckgemeinschaft. Boris Becker und Michael Stich treten bei den Olympischen Spielen 1992 gemeinsam im Doppel an. Diesen Plan hat sich schon vor einigen Monaten Davis-Cup-Kapitän Niki Pilić in den Kopf gesetzt. Das Problem: Stich und Becker reden zu der Zeit kein Wort miteinander. Pilić wird so etwas wie der Vermittler zweier Sturköpfe. Wenn Becker Stich etwas ausrichten lassen will, führt der Weg über Niki Pilić. Und umgekehrt.

Vor den Olympischen Spielen in Barcelona haben es Becker und Stich gerne vermieden, gemeinsam in einem Doppel auf dem Platz zu stehen. Erst recht, seitdem Stich mit seinem Wimbledon-Sieg vor einem Jahr die bisherige Rollenverteilung in Frage stellt. 1989 haben sie bei einem Turnier in Frankfurt mal gemeinsam gespielt. Da ist Stich noch der eindeutig unter Becker stehende Akteur. Erfolgreich ist es trotzdem nicht. Das Aus für das Doppel Becker/Stich in Frankfurt kommt schnell in der zweiten Runde. Dass das olympische Turnier auch noch auf Sand stattfindet, erschwert die Mission Barcelona zusätzlich. Die rote Asche ist nicht gerade der Lieblingsuntergrund der beiden. Daher einigen sich die beiden Alpha-Tiere, man müsse schon ein paar Turniere zur Vorbereitung spielen. So schlägt das Duo gemeinsam beim Turnier in Monte Carlo im Doppel auf – und gewinnt die Veranstaltung im Fürstentum Monaco. Dass es gemeinsam funktionieren kann, haben sie damit bewiesen. Die Generalprobe am Stuttgarter Weißenhof geht allerdings gehörig schief. Vor den deutschen Fans verlieren Becker/Stich in der ersten Runde.

In Barcelona kommt ihnen ihre Einzelschwäche für das Doppel entgegen. Becker verliert im olympischen Achtelfinale gegen den Franzosen Fabrice Santoro und Michael Stich in der zweiten Runde der Spiele gegen Landsmann Charly Steeb. Danach haben beide genug Zeit und Kraft, sich auf das Doppel zu konzentrieren. Die Deutschen gehen als an Rang sechs gesetztes Duo in das Turnier. Bei der Auslosung hätte es sie schlimmer treffen können. Kampflos geht es ins Achtelfinale, weil das marokkanische Doppel Karim Alami/Younes El Aynaoui zurückzieht. Es folgt ein klarer Sieg gegen die Griechen Tasos Bavelas/Constantinos Efremoglou. Wer jetzt aber meint, dass mit den Siegen und dem gemeinsamen Traum vom Gold auch die Stimmung zwischen Becker und Stich in Barcelona besser wird, täuscht sich. Auf dem Platz reißen sich die beiden zusammen. Hier kann man keine großen Animositäten zwischen ihnen ausmachen. Das ist außerhalb des Platzes anders. Sie reden so gut wie gar nicht miteinander. Treffen sich eine halbe Stunde vor Spielbeginn. Schlagen sich wortlos warm. Spielen ihr Match. Das war's.

Niki Pilić bewegt sich derweil während des Turniers unentwegt zwischen den Zimmern seiner Spieler. „Das hat mich Jahre meines Lebens gekostet. Gesprochen haben beide nicht miteinander. Das musste ich erledigen. Ich bin zwischen den Zimmern hin- und hergependelt und musste viel lügen", erinnert sich Pilić einige Jahre später an seine Diplomatenmission von Barcelona.

Im Viertelfinale kommt es für Becker/Stich zum großen Härtetest. Es warten die Lokalmatadoren und zweifachen Doppel-

Grand-Slam-Sieger Sergio Casal/Emilio Sánchez aus Spanien auf sie. Doch vor 6.000 frenetischen spanischen Fans bewahren Becker und Stich kühlen Kopf. Mit 6:3, 4:6, 7:6 (9), 5:7, 6:3 ringen sie die Spanier nieder. Im Halbfinale – nicht einmal 24 Stunden später – müssen sie wieder über die volle Distanz gehen. Mit 7:6 (3), 6:2, 6:7 (4), 2:6, 6:4 gewinnen sie gegen die Argentinier Javier Frana/Christian Miniussi und ziehen somit in das olympische Finale ein. Dort treffen sie auf die beiden Südafrikaner Wayne Ferreira/Piet Norval. Es entwickelt sich ein über weite Teile ausgeglichenes Spiel, in dem am Ende nur Nuancen über Satzgewinn oder Satzverlust entscheiden. Über die gesamte Spielzeit sind die Deutschen jedoch die etwas aggressiveren Spieler und können ihre Gegner immer wieder in die Defensive drängen.

So auch beim Matchball für die Deutschen im vierten Satz. Gleich drei Matchbälle nacheinander hat das deutsche Duo bei Aufschlag Ferreira. Der Südafrikaner muss über den zweiten Aufschlag gehen. Er serviert Stich auf dessen Rückhand. Stich retourniert vor die Füße Ferreiras, der nach vorne ans Netz stürmt. Ferreira versucht mit einem Volley wieder auf Michael Stich zu spielen, macht die Rechnung aber ohne Boris Becker. Der will jetzt die Entscheidung. Er springt vom Netz dazwischen und drückt den Ball mit voller Power per Rückhand-Volley auf den Körper des am Netz stehenden Piet Norval. Der versucht zwar, irgendwie noch zu reagieren, aber sein Ball schafft es nicht mal mehr bis ans Netz. Es ist geschafft! Goldmedaille für Deutschland.

Stich und Becker springen in die Luft, schmeißen die Schläger von sich und nehmen sich für mehrere Sekunden fest in den Arm. Bei diesen Bildern ist kaum vorstellbar, was für atmosphärische Differenzen zwischen den beiden wirklich herrschen.

Mit 7:6 (7:5), 4:6, 7:6 (7:5), 6:3 im Finale gewinnen Boris Becker und Michael Stich Gold bei den Olympischen Spielen 1992 in Barcelona.

Aber schon bald nach dem Triumph wird deutlich, dass trotz olympischem Gold die beiden weiter Welten trennen. Am Abend wollen es Becker und Pilić krachen lassen. Es soll eine dem Anlass würdige Feier geben. Darauf hat Michael Stich allerdings so gar keine Lust. Er zicht cs vor, sich wenige Stunden nach dem Finale in ein Flugzeug zu setzen und zu seiner Freundin zu fliegen. Zwei Superstars – auch im Triumph entzweit.

Hilfe aus Österreich

Während der Tage in Barcelona rauft sich Becker aber nicht nur für den Traum von Gold mit Michael Stich zusammen. Er stellt auch die Weichen für die Zukunft auf seiner vakanten Trainerposition. Hier will er wieder mehr Konstanz haben. Dafür wählt er von seinem Hotelzimmer in Barcelona eine Nummer in Österreich. Wen er am anderen Ende der Leitung erreichen will? Das erzählt dieser am besten selbst.

GESPRÄCH MIT GÜNTER BRESNIK, ÖSTERREICHISCHER TENNISTRAINER, JULI 2022

Herr Bresnik, wie haben Sie und Boris Becker zusammengefunden?
Im Sommer 1992 war ich gerade für eine Woche im Urlaub am Mattsee bei Salzburg. Von Tennis wollte ich da nichts wissen. Meine Spieler haben alle gerade keinen Ball getroffen, ich war mir gar nicht sicher, ob ich überhaupt als Trainer weiterarbeiten will. Ich brauchte eine Woche lang meine Ruhe. Berge, Wald, Bücher. Mehr wollte ich nicht. Nur meiner Mutter hinterließ ich für Notfälle die Nummer des Hotels. Eines Abends kam ich von einer Wanderung zurück ins Hotel, da stoppte mich der Portier: ‚Herr Bresnik, ein Anruf kam für Sie.' Bestimmt meine Mutter. Der Portier aber sagte: ‚Nein, ein junger Herr mit deutschem Akzent. Er bittet um Rückruf.' Es war eine Nummer aus Barcelona.

Und haben Sie direkt zurückgerufen?
Selbstverständlich. Es war schließlich Boris Becker.

Wie lief das Gespräch?
Das war sehr kurz. Er hat mich gefragt, ob ich mir vorstellen könnte, ihn zu trainieren. Ich habe mein grundsätzliches Interesse bekundet. Wir haben uns dann für die Zeit nach den Olympischen Spielen verabredet.

Kannten Sie Boris?
Kennen – was bedeutet das?! Ich wusste natürlich, wer er ist. Ich habe mit meinen Spielern auch öfter gegen ihn gespielt. Unter anderem mit Horst Skoff, der Becker 1989 im Halbfinale von

Hamburg schlagen konnte. Wir haben uns gegrüßt, wenn wir uns auf der Tour getroffen haben. Das erste Mal gesehen habe ich ihn als Jugendlichen. Ich saß auch auf der Tribüne, als sich Boris 1984 in Wimbledon die Bänder gerissen hat. Da konnte ich ihn noch nicht so richtig einschätzen. Was mir aber klar war: Wenn sich Ion Tiriac um den Jungen kümmert und so große Stücke auf ihn hält, dann muss er über großes Potenzial verfügen.

Haben Sie gezögert, das Angebot anzunehmen? Sie galten als Spielerentwickler. Mit Boris steht da nun ein sehr fertiger Spieler vor Ihnen.
Boris und vor allem Ion Tiriac eine Absage zu erteilen, wäre aus meiner Sicht fast ein Affront gewesen. Ob es klappen würde, da war ich mir sehr unsicher. Schließlich war ich mit 31 Jahren noch ein junger Trainer. Boris ist gerade einmal sechs Jahre älter als ich. Aber diese Chance konnte ich mir nicht entgehen lassen.

Wie ging es weiter?
Im September standen wir das erste Mal gemeinsam auf dem Platz. Ich bin nach Nordamerika geflogen, und in Kanada haben wir uns auf die US Open vorbereitet.

Ihr erster Eindruck?
Wenn ich ganz ehrlich bin, war Boris zu diesem Zeitpunkt körperlich nicht in bester Verfassung. Was mich aber gleichzeitig vom ersten Training an fasziniert hat: Trotz seiner körperlichen Defizite war er in der Lage, punktuell Top-Schläge zu produzieren. Er hatte Fitnesswerte eines Hobbysportlers, konnte aber trotzdem Höchstleistungen vollbringen. Das sieht man nicht allzu oft. Ich jedenfalls habe das als Trainer nie mehr so ausgeprägt gesehen wie bei Boris.

Wie konnte er das schaffen?
Das lag einerseits an seinem unglaublich starken Willen, und in Drucksituationen hatte er eine sehr hohe Schmerzgrenze. Das ist so ähnlich, wenn sich ‚normale' Menschen in Todesangst befinden. Da erhalten sie auch noch einmal zehn Prozent mehr Energie, um irgendwie heile aus der Situation herauszukommen. Boris konnte diese zehn Prozent aber bewusst einsetzen. Da hat es eben auch nicht allzu viel ausgemacht, wenn er nicht topfit war, er hatte halt diese Extra-Kraft. Er hatte auch noch diese außergewöhnliche Fähigkeit, mit Situationen, mit denen er das erste Mal konfrontiert wurde, gut umzugehen. Viele Spieler brauchen beispielsweise mehrere Finals, um sich an die Atmosphäre eines Endspiels zu gewöhnen. Boris nicht. Das war bei ihm auf der Festplatte eingebrannt wie bei wenig anderen. Trotzdem mussten wir seine Fitnesswerte nach oben schrauben. Wir haben am Anfang bis zu sechs Stunden am Tag trainiert. Da hatte er es davor doch gehörig schleifen lassen.

Was war das Schwierigste in der Zusammenarbeit mit Boris?
Zunächst einmal die vielen Nebenkriegsschauplätze. Man kann fast nie in Ruhe arbeiten. Allein schon mit was für einem Team er gereist ist: Manager, PR-Berater, Freundin, eigener Bespanner, Physiotherapeut. Irgendwer hat da immer gerade ein Problemchen und muss ganz dringend mit Boris sprechen. Hinzu kommt: Egal ob er in New York oder Frankfurt auf die Straße ging, er wurde nie in Ruhe gelassen. Sofort bildete sich eine Menschenmasse um ihn. Schon allein aufgrund seiner Erscheinung. Er ist der Typ, der ist jetzt nicht versteckt unter dem Cap und Sonnenbrillen, sondern der hat sich so präsentiert. Das ist beeindruckend. Aber als Trainer darfst du dich davon nicht beeindrucken lassen.

Boris war und ist ein Teil der deutschen, der globalen Popkultur.
Absolut. Die Öffentlichkeit beansprucht auch immer ihren Teil an so einem Superstar. Und die Persönlichkeit war fraglos auch eine große Herausforderung. Das klingt jetzt erst mal negativ, ist aber völlig normal bei einem Spieler dieses Kalibers. So ein Spieler ist der Meinung, immer im Recht zu sein. Man muss ihm das Gefühl geben, dass er das auch ist, und trotzdem die Stellschrauben im Hintergrund so drehen, dass es in die richtige Richtung läuft. Bei uns beiden kam noch hinzu, dass ich als Österreicher keinen leichten Stand bei den Medien hatte. Weder in Deutschland noch in Österreich. In Österreich hat man gesagt: Warum trainiert der keinen von unseren Spielern? Und in Deutschland musste ich mir anhören: Was will dieser junge Österreicher bei unserem Boris? Das war nicht einfach. Ich saß immer zwischen den Stühlen.

Sie hatten aber im Herbst 1992 ein großes gemeinsames Ziel.
Die fast schon verpasste Qualifikation zur ATP-WM in Frankfurt. Michael Stich war außen vor, und jetzt sollte auch noch Boris nicht beim großen Jahresabschluss dabei sein? Ich erinnere mich noch, dass Günther Bosch in einem Interview meinte, Boris könnte die Qualifikation niemals schaffen. Ohnehin sei die Zeit von Boris vorbei. Das war die perfekte Motivation für Boris. Er trainierte auf einmal noch mehr. Bei unserem ersten gemeinsamen offiziellen Turnier, zuvor in Amerika war ja noch alles inoffiziell, holte Boris gleich den Turniersieg. Nach zwei Niederlagen danach hatte er nur eine Chance: Er musste das Hallenturnier in Paris-Bercy gewinnen. Er entwickelte eine Naturgewalt, die ich noch nie zuvor gesehen hatte. Er gewann nacheinander gegen John McEnroe, Brad Gilbert, die Nummer

eins der Welt: Jim Courier, Goran Ivanišević und im Finale gegen Lokalmatador Guy Forget. Er hatte es doch noch nach Frankfurt geschafft.

Aber auch hier lief es von Beginn an nicht optimal.
Gleich sein erstes Match hatte er gegen Pete Sampras mit 6:7, 6:7 verloren. Nur ein weiterer Satzverlust und er wäre ausgeschieden. Mit dem Rücken zur Wand zündete er aber wieder den Turbo. Glatte Zweisatzsiege gegen Petr Korda und Stefan Edberg und er stand im Halbfinale. Das gewann er mit einer unglaublichen Energieleistung gegen Goran Ivanišević. Das Finale gegen Jim Courier war dagegen fast schon leicht. Boris hatte es tatsächlich geschafft. Er hatte sieben Top-Ten-Spieler in acht Wochen bezwungen und sich zum ATP-Weltmeister gekrönt. Eine unvorstellbare Leistung.

Die Bilder, wie ihm die ganze Halle nach dem Finale ein „Happy Birthday" singt, haben wahrscheinlich noch viele im Kopf.
Es war unglaublich. Boris war danach aber komplett leer. Wir wollten eigentlich feiern. Boris saß aber apathisch da und suchte nur noch seine Ruhe. Die letzten Wochen hatten Spuren hinterlassen. Selbst bei ihm. Boris war müde, komplett ausgezehrt. Eine große Feier gab es also nicht. Ich bin dann am nächsten Morgen, so gegen acht Uhr in der Früh, zum Frankfurter Flughafen und wollte nach Wien fliegen. Ich gehe durch die Geschäfte am Flughafen Richtung Abfluggate, da stehen Menschen in den Flughafen-Restaurants auf und applaudieren. Sie rufen: ‚Bravo, Bresnik, Bravo!' Da ist mir ein weiteres Mal bewusst geworden, welche Bedeutung Boris Becker für Deutschland hat.

Besonders lang ging Ihre Beziehung aber nicht mehr, Mitte 1993 war Schluss.

Ich habe unterschätzt, dass die positiven Willenskräfte von Boris sich auch ins Negative wenden können. Ich wollte mit ihm unbedingt diesen einen Titel auf Sand gewinnen. Der fehlte ihm noch. Danach habe ich alles ausgerichtet. Boris hatte darauf aber keine Lust. Er war immer noch müde und trainierte nur sehr lustlos. Mit Barbara Feltus hatte er auch eine Frau an seiner Seite, mit der er viel Zeit verbringen wollte. Das Privatleben wurde ihm immer wichtiger. So wollte er einige Turniere zu Beginn der Saison 1993 auslassen. Es kam zum Streit zwischen uns, und wir haben die Turniere gespielt. Aber unsere Beziehung war nicht mehr zu retten. Wir wollten einfach in unterschiedliche Richtungen. Vielleicht hätte ich ihm Anfang 1993 mehr Freiheiten gewähren sollen, und er hätte seinen Akku aufgeladen und zu alter Motivation zurückgefunden. Wer weiß. Aber ich war selbst noch jung und stur und wollte unbedingt meinen Kopf durchsetzen. Trotzdem war die Zeit mit Boris Becker extrem lehrreich, und ich denke immer noch sehr gerne daran zurück.

Schmutzige Rache, Hochzeitsglocken und der neue Boris ohne Ion

Wie es auch Günter Bresnik erleben muss, beschäftigt sich Becker im Jahr 1993 immer mehr mit Aufgaben, die nicht unbedingt etwas mit Tennis zu tun haben. Der überbordende Ehrgeiz auf dem Trainingsplatz ist auch nicht mehr so zu erkennen wie zu Beginn seiner Karriere. Wenn er zum Beispiel in New York ist, steht für ihn außer Frage, dass er noch Zeit haben muss für Museumsbesuche, Konzerte oder einfach nur einen Spaziergang auf der 5th Avenue. Eine große Rolle dabei spielt auch seine Freundin Barbara. Sie ist bei jedem Turnier an seiner Seite, interessiert sich auch für Tennis, aber sie will mit Boris noch mehr sehen als das Hotel, Trainingsplatz und Zuschauertribüne. Boris hat keine Zweifel mehr, er ist sicher: Barbara ist *die* Frau. Er will mit ihr den Rest seines Lebens verbringen.

Im Frühjahr 1993 reserviert Boris für sich und Barbara einen Tisch im Münchner Restaurant Bogenhauser Hof. Vorher bittet er den Pianisten noch, Barbaras Lieblingslied zu spielen – den Song „Summertime“. Den Verlobungsring platziert Boris im Glas ihres Drinks. Der Pianist muss allerdings eine kleine Extrarunde „Summertime“ einlegen, denn bei ihren ersten Schlucken bleibt der Ring hinter den Eiswürfeln hängen. Als die Eiswürfel jedoch etwas geschmolzen sind und

Barbara den Ring entdeckt, ist die Freude riesig und die Antwort lautet: „Ja!"

Wenig später folgt der nächste Einschnitt. Am Rande des Turniers in Rom im Mai macht Barbara einen Schwangerschaftstest, der positiv ausfällt. Hochzeit und Kind – Boris Becker steuert 1993 einem völlig neuen Leben entgegen.

Bevor er in dieses neue Leben startet, kann er aber noch eine offene Rechnung begleichen. Die Rechnung mit Michael Stich in seinem „Wohnzimmer".

1993 treffen Becker und Stich im Viertelfinale von Wimbledon aufeinander. Becker ist zu diesem Zeitpunkt die Nummer vier der Welt, Stich die Nummer acht. Vor dem Spiel werden sie natürlich gefragt, wie der aktuelle Stand ihrer Beziehung ist: „Es ist nicht so, dass wir uns nicht leiden können. Aber wir haben nicht viel gemeinsam", erklärt Stich – und Becker klingt sehr ähnlich. „Wir respektieren uns gegenseitig. Freunde sind wir nicht. Ich denke, Respekt ist das meiste, was man erwarten kann", so Becker. Die Favoritenrolle ist zum ersten Mal umgekehrt. Wenige Tage zuvor gewinnt Stich beim Vorbereitungsturnier in Queen's gegen Boris das Viertelfinale mit 6:4, 7:6. Das Turnier in Queen's kann der Norddeutsche auch noch für sich entscheiden. Für Wimbledon gilt Stich als einer Top-Favoriten. Im Gegensatz zu Boris. Seine Grand-Slam-Bilanz aus den letzten beiden Jahren ist eher durchwachsen.

Wie schon bei ihrem Wimbledon-Finale von 1991 legt Stich einen guten Start hin. Er beginnt mit drei Assen nacheinander in seinem ersten Aufschlagspiel. Aber anders als 1991 präsentiert sich auch Becker voll konzentriert. Er schimpft nicht, ist ganz bei sich. Wie zu erwarten war, dominieren beide Rasen-Spezialisten mit ihrem Aufschlag. Als bei Stich der Aufschlag im ersten Satz aber nicht mehr so kontant kommt, ist Boris zur

Stelle. Bei 5:5 holt er sich das Break und gewinnt auch wenig später den ersten Satz mit 7:5.

In Satz zwei ist Stich am Drücker. Ihm will aber partout kein Break gelingen, immer wieder kann Becker seinen Kopf noch aus der Schlinge ziehen. Es geht in den Tiebreak. Der verläuft gerecht, denn Stich gewinnt den Tiebreak mit 7:5. Satzausgleich. Es bleibt weiter eng – auch im dritten Satz.

Stich hat bei 3:3 die erste Breakchance in Satz drei. Becker wehrt sie mit seinem legendären Becker-Hecht ab. Bei 5:4 hat Becker urplötzlich Breakball, gleichbedeutend mit Satzball. Den wehrt wiederum Stich ab. Es geht wieder in den Tiebreak. Hier hat Stich die besseren Nerven und holt sich den dritten Satz. Es scheint, als könne er seiner Favoritenrolle gerecht werden. Aber nicht mit Boris Becker. Im vierten Satz dreht er auf. Er holt sich prompt zwei Breaks und geht mit 4:0 in Führung. 6:2 gewinnt er letztlich Satz vier.

Zum ersten Mal geht es zwischen den beiden in den fünften Satz. Überhaupt ist dieses Wimbledon-Viertelfinale von 1993 eines der wenigen spannenden Matches zwischen Becker und Stich. Meist war einer der beiden Rivalen so überlegen, dass auch das Ergebnis klar und eindeutig war. Nicht heute. Fünfter Satz. Es ist eng bis zum Schluss. Kleinigkeiten entscheiden. Diesmal relativ früh bei 1:1 im fünften Satz. Becker hat Breakball. Stich schlägt auf. Erster Aufschlag Fehler – zu lang. Zweiter Aufschlag. Stich will ansetzen, da unterbricht ihn Becker, um sich noch mal Schweiß von der Nase zu wischen. Stich muss neu ansetzen und setzt seinen zweiten Aufschlag ins Aus. Doppelfehler. Break Becker. Auf dem Weg zur Pause nach diesem Aufschlagspiel sagt Stich etwas in Richtung Becker. Was er genau sagt, will der Norddeutsche bis heute nicht verraten. Nur, dass es nicht sehr nett gewesen ist. Und Becker? Der will sich an die Situation überhaupt nicht erinnern. Ihm reicht aber das eine Break im fünften Satz.

Nach 4:15 Stunden heißt es 7:5, 6:7 (5), 6:7 (5), 6:2, 6:4 für Boris Becker. Der völlig enttäuschte Stich verlässt so schnell, wie es geht, den Center Court. Dabei pfeift er auf das Protokoll. Eigentlich müssen die Spieler in Wimbledon den Platz gemeinsam verlassen. Stich will aber nur weg und lässt Boris alleine zurück. Bis heute nagt die Szene mit seinem Doppelfehler beim 1:1 an Stich. Er ist sich sicher, dass Becker ihn mit voller Absicht aus dem Konzept bringen wollte. Was Becker bestreitet. Ob gewollt oder nicht – erfolgreich ist es. Und die Revanche für die schmerzhafte Niederlage im Finale von 1991 ist geglückt. Der Traum vom vierten Wimbledon-Triumph endet für Becker allerdings eine Runde später. Gegen den US-Amerikaner Pete Sampras steht er im Halbfinale auf verlorenem Posten und verliert mit 6:7 (5), 4:6, 4:6.

Sportlich hat das Jahr 1993 keine Highlights mehr für Boris Becker zu bieten, dafür aber einschneidende Änderungen rundherum. Am 21. Juli 1993 erscheint eine Pressemeldung, die das Ende der Zusammenarbeit von Boris Becker mit Ion Tiriac verkündet. Von einer „einvernehmlichen" Kündigung ist da zu lesen. Die Seite von Becker, der zu dieser Zeit schon immer mehr vom Münchner Anwalt Axel Meyer-Wölden beraten wird, scheint das auch so zu sehen. Ion Tiriac allerdings so gar nicht. Er geht davon aus, dass er mit Boris einen gültigen Vertrag besitzt und dieser von keiner Seite gekündigt worden ist. Vertrag hin oder her, das Verhältnis der beiden ist im Sommer 1993 schwer belastet. Boris fühlt sich von Tiriac bevormundet, der 25-jährige Becker will seine eigenen Entscheidungen treffen. Mal wieder. Ähnliche Gründe haben ja auch schon zur Trennung von Günther Bosch geführt.

Werbepartner, Sponsoring-Verpflichtungen, öffentliche Auftritte – Becker und Tiriac haben zu all diesen Themen sehr unterschiedliche Meinungen. Der Rumäne findet zudem, dass sich Boris mit den falschen Menschen umgibt. Zu viele Ja-Sager, die dem dreifachen Wimbledon-Sieger nach dem Mund reden, um mit ihm die schnelle Mark zu machen. So Tiriacs Sicht der Dinge.

Becker auf der anderen Seite findet, dass Tiriac zu viel an Deals verdient, mit denen er teilweise nichts mehr zu tun hat. 20 Prozent soll Tiriac von den Werbedeals seines Schützlings erhalten. Die Fronten sind verhärtet. Der stolze Rumäne braucht Becker für seinen Lebensunterhalt nicht. Tiriac ist schon damals finanziell sehr unabhängig und nicht bereit, seine Arbeitsweise mit Becker in irgendeiner Form zu überdenken. Rührselig oder sentimental ist Tiriac nicht, was ihn aber enttäuscht: Im Sommer 1993 stellt ihn Becker vor vollendete Tatsachen. Als Becker Tiriac informiert, nicht mehr mit ihm arbeiten zu wollen, haben die neuen Becker-Berater, allen voran Axel Meyer-Wölden, im Hintergrund schon alles eingefädelt. Für Tiriac ein unwürdiges Ende einer fast zehnjährigen Erfolgsgeschichte.

Doch 1993 bringt nicht nur Trennungen. Schließlich hat Barbara Feltus während der Longversion von „Summertime" im Bogenhauser Hof doch „Ja" gesagt. Kurz vor Weihnachten 1993 ist es so weit. Es wird geheiratet. In Leimen. Trauzeugen sind der Becker-Freund und Hochspringer Carlo Thränhardt und Star-Mediziner Hans-Wilhelm Müller-Wohlfahrt.

Wenige Wochen später kommt Sohn Noah in München auf die Welt. Am 18. Januar 1994 um 8:14 Uhr. Seit Tagen lauern Reporter vor der Privatklinik. Boris geht von sich aus kurz nach der Geburt zu den wartenden Journalisten und teilt ihnen mit, dass Noah auf die Welt gekommen ist.

Boris hat sein Umfeld Anfang 1994 neu geordnet. Mit Ehefrau Barbara, Sohn Noah, ohne Ion Tiriac, dafür mit seinem neuen Berater Axel Meyer-Wölden. Jetzt muss sich nur der Tennisspieler Boris Becker neu erfinden.

Boris spürt, dass er nach dem sportlich dürftigen 1993 neue Impulse braucht und auch sein Spiel anpassen muss. Seine unbändige Power ist nicht mehr da. Früher konnte er seine Gegner oft mit seiner physischen Stärke besiegen, sie mit seinem Druck und Fitness überrollen. Das geht nun nicht mehr. Erste Verschleißerscheinungen machen sich an seinem Körper bemerkbar. Die neue Generation mit Spielern wie Pete Sampras oder Andre Agassi ist ihm körperlich überlegen. Diese Spieler muss er mit Köpfchen schlagen.

Helfen soll ihm dabei ein Mann aus den USA. Aus Bradenton, Florida. Eine Adresse, die im Welttennis bekannt ist wie kaum eine andere. Hier befindet sich die Academy von Trainerlegende Nick Bollettieri. Boris will sich in Florida wieder fit machen, um noch einmal nach den großen Titeln greifen zu können. Er versteht sich gut mit Bollettieri, die tägliche Trainingsarbeit verrichten jedoch andere. Allen voran David „Red" Ayme und Mike DePalmer, zwei der besten Coaches in der Bollettieri-Academy. Sie bringen den Gast aus Deutschland erst mal wieder in Form. Zwölf Kilo nimmt er während der Vorbereitung in Florida ab. Schneller und beweglicher als die jüngeren Kontrahenten ist er damit zwar immer noch nicht, aber die Fitness ist nun nicht mehr der entscheidende Nachteil in seinem Spiel. Die Strategie geht auf. Boris findet in die absolute Weltklasse zurück.

Anfang 1994 gewinnt Becker das Hallenturnier in Mailand. In Wimbledon erreicht er das Halbfinale, verliert dort gegen Goran Ivanišević. Im Finale von Stockholm kann er sich wenig später jedoch gegen den Kroaten revanchieren. Zusätzlich gewinnt er noch die Turniere von Los Angeles und New Haven. Bei den ATP-Weltmeisterschaften verliert er zwar gegen Pete Sampras, dennoch steht Becker 1994 am Jahresende auf Platz drei der Weltrangliste.

Im Frühjahr 1995 scheint endlich das wahr zu werden, was Günter Bresnik so verzweifelt mit Becker zu erreichen versucht hat: ein Turniergewinn auf Sand für den Deutschen. Wahr werden soll das auch noch in der zweiten Heimat Beckers – in Monte Carlo.

Im Finale des Masters-Sandplatzturniers trifft Becker am 30. April 1995 auf den Österreicher Thomas Muster. In den Runden zuvor zeigt Becker auf dem von ihm so ungeliebten Untergrund starke Leistungen. Er rauscht durch die Matches. Nur im Halbfinale gegen Goran Ivanišević muss er einen Satz abgeben.

Viermal hatte der Deutsche zuvor in einem Finale bei einem Sandplatzturnier gestanden und dabei viermal verloren.

Mit Muster steht ihm auf der anderen Seite des Netzes ein Gegner gegenüber, der fast das komplette Gegenteil von Becker ist. Vor allem sportlich. 25 Titel auf der roten Asche hat der Österreicher bis zum Finale 1995 im Fürstentum bereits errungen. Ohne Satzverlust ist die damalige Nummer 13 der Welt ins Finale eingezogen. Im Halbfinale gegen Andrea Gaudenzi musste der Österreicher dennoch an seine körperlichen Grenzen gehen und hätte beinahe aufgegeben. Nach dem Match gegen Gaudenzi muss Muster sogar ins Krankenhaus gebracht werden. Dort wird eine Dehydrierung und ein Zuckerschock bei ihm diagnostiziert. Er hat im bisherigen Verlauf des Turniers deutlich mehr Kraft gelassen als sein Gegner aus Deutschland.

Wie man gegen Muster auf Sand gewinnt, weiß Becker jedoch bei Spielbeginn. Zweimal hat er bisher gegen Thomas Muster gespielt und zweimal gewonnen. Einmal sogar 1998 bei den French Open in Paris. Dennoch verläuft der Auftakt der Partie für Becker äußerst mau. Gleich sein erstes Aufschlagspiel verliert er zu null gegen Muster.

Aber Becker fängt sich schnell. Ihm gelingt das Re-Break zum 3:3, und danach kommt er mit einem offensiven Spiel immer besser durch. Er agiert wie auf einem Hartplatz und zeigt immer wieder feinstes Serve-and-Volley. Den ersten Satz schenkt ihm Muster fast – bei 4:5 und Satzball Becker unterläuft dem Österreicher einer seiner wenigen Doppelfehler. Der erste Satz geht an Becker.

Im zweiten Satz ist Becker weiter am Netz kaum zu überwinden. Bei 5:5 wehrt er in einem engen Spiel Breakbälle ab. Anschließend nimmt er Muster den Aufschlag zur 2:0-Satzführung ab. Der erste Sandplatz-Titel rückt für ihn immer näher. Doch Kämpfer Muster setzt gleich zu Beginn des dritten Satzes ein Zeichen. Er breakt Becker im ersten Spiel und lässt keinen Zweifel aufkommen, dass er noch lange nicht geschlagen ist. 6:1. So gewinnt Muster Satz drei.

Der nächste Satz ist wieder enger. Bei 5:5 hat Becker drei Breakchancen für eine mögliche Vorentscheidung. Doch Muster wehrt alle ab. Es geht in den Tiebreak, in dem Becker gleich zu Beginn mit einem krachenden Return-Winner ein Minibreak gelingt. Kurz darauf heißt es tatsächlich 6:4 für Becker im Tiebreak. Zwei Matchbälle für den deutschen. Einer sogar bei eigenem Service. Sein erster Sandplatz-Titel ist zum Greifen nah.

Becker geht volles Risiko. Auch nachdem sein erster Aufschlag misslingt. Mit 200 km/h donnert er seinen zweiten

Aufschlag über das Netz. Der Mut, das Risiko wird nicht belohnt. Der zweite Aufschlag Beckers landet im Aus. Den zweiten Matchball, jetzt bei Aufschlag Muster, vergibt Boris mit einem leichten Vorhand-Fehler. Danach holt sich Muster mit einem Kunstschlag selbst einen Satzball. Muster rückt eines der wenigen Male ans Netz auf, Becker überlobt ihn. Mit dem Rücken zum Netz spielt Muster einen Passierschlag aus der Drehung an dem verdutzten Becker vorbei. Den damit erspielten Satzball nutzt der Österreicher zum Satzausgleich.

Das Finale geht in den entscheidenden fünften Satz. Becker erholt sich nicht mehr vom Verlust des vierten Satzes und den vergebenen Matchbällen. Der fünfte Satz gleicht einer Demütigung. 6:0 heißt es am Ende für Muster. Das Gesamtergebnis lautet demnach 4:6, 5:7, 6:1, 7:6 (6), 6:0 für den grandios kämpfenden Muster.

Für Becker ist das allerdings nicht nur grandios, sondern auch seltsam. Gerade nach den großen körperlichen Beschwerden Musters im Vorfeld des Matches. Becker wundert sich, dass der Österreicher tags zuvor im Halbfinale noch fast noch „gestorben" ist, die Nacht am Tropf verbracht hat und dann wenige Stunden später auf dem Platz steht, zwei Matchbälle abwehrt und den fünften Satz mit 6:0 gewinnen kann. Becker spricht mehr oder weniger deutlich Dopingvorwürfe aus. Als die Vorwürfe an Thomas Muster herangetragen werden, macht dieser umgehend einen Dopingtest, der negativ ausfällt.

Becker wird später von der ATP für seine Andeutungen zu einer Geldstrafe von 20.000 US-Dollar verdonnert. Seine große Sehnsucht nach einem Sandplatz-Titel bleibt weiter unerfüllt.

In demselben Jahr erreicht er auch noch einmal das Finale von Wimbledon. Auf dem Weg dahin schlägt er im Halbfinale Andre Agassi, obwohl der Deutsche gegen den US-Amerikaner bereits aussichtslos mit 2:6 und 1:4 zurückliegt. Es ist ein brisantes Duell zwischen Becker und Agassi. Agassi gilt viele Jahre als Musterschüler von Nick Bollettieri. Nun sitzt der Star-Coach bei seinem Gegner in der Box. Wer jedoch stattdessen in der Box von Andre Agassi sitzt: seine damalige Freundin, Hollywood-Star Brooke Shields. In den Medien wird zu dieser Zeit viel über eine Beziehungskrise zwischen den beiden spekuliert. Boris Becker will das fragile Liebesgebilde im Hause Agassi-Shields für sich nutzen. Als er auf der Seite der Agassi-Box ist, wirft er Shields Kusshändchen zu. Agassi bekommt diese Aktion mit und lässt sich davon so verunsichern, dass er seinen spielerischen Faden verliert. Becker findet zurück ins Match und schlägt den eigentlich hoch überlegenen Agassi in vier Sätzen. 2:6, 7:6, 6:4 und 7:6 lautet am Ende das Ergebnis für Becker. Becker geht mit dem Gefühl ins Finale, wieder seine Top-Form erreicht zu haben. Diese reicht aber nicht gegen Pete Sampras. 6:7 (5), 6:2, 6:4, 6:2 – so lautet das Ergebnis am Ende für Pete Sampras im Endspiel.

Für Becker ist diese Niederlage ein einschneidendes Erlebnis. Bisher hatte er immer das Gefühl, über Sieg oder Niederlage selbst entscheiden zu können. Er war sich immer sicher: Wenn ich gut drauf bin, schlägt mich keiner. Im Wimbledon-Finale 1995 wird er da eines Besseren belehrt. Trotz seiner Top-Form ist Pete Sampras eine Nummer zu groß für ihn. Daher sagt Becker auch einige Jahre später: „An diesem Tag habe ich Pete Sampras den Schlüssel für mein „Wohnzimmer“ überreicht.“

Wimbledon 1995 führt Boris Becker und seinen Fans direkt vor Augen: Mit mentaler Stärke, taktischen Schachzügen und etwas List kann der Deutsche die Besten der Besten noch schlagen. Dennoch ist die junge Generation ihm in vielen tennisspezifischen Sachen so überlegen, dass die Abschiedstour von Boris Becker als Tennisprofi beginnt.

THIRD SET

Der lange Abschied

Dass er nicht mehr auf die ATP-Tour gehört, dieses Gefühl beschleicht Boris Becker das erste Mal mit voller Wucht am 13. Januar 1997 bei den Australian Open. Nach Melbourne ist der Deutsche als Titelverteidiger gereist. Damit gilt er automatisch als einer der Favoriten. In der ersten Runde trifft er an jenem Januar-Montag auf den spanischen Aufsteiger Carlos Moya. Moya rangiert mit seinen gerade einmal 20 Jahren zu diesem Zeitpunkt bereits auf Platz 25 der Weltrangliste. Kein Gegner, gegen den man gerne spielt, erst recht nicht zu Beginn eines Grand-Slam-Turniers. Auch die australische Sonne zeigt sich an diesem Tag unbarmherzig. Bis zu 60 Grad Stauhitze zeigt das Thermometer an. Der Platz entspricht eher einem Glutofen als einem Center Court. Favorit Becker kommt eigentlich gut in das Match und führt mit 7:5, 3:1.

Doch die Ballwechsel gegen den spanischen Aufsteiger hinterlassen bei dem neun Jahre älteren Becker Spuren. Moya übernimmt mit seinem aggressiven Spiel, besonders über seine Vorhand, immer mehr das Kommando. Becker wehrt sich, stemmt sich gegen die Niederlage. Doch die Kombination aus einem jüngeren, fitteren Gegner und dem Glutofen in Melbourne sind an diesem Tag für den Deutschen nicht zu meistern. Nach drei Stunden und elf Minuten verwandelt Moya seinen ersten Matchball mit einem Top-Spin-Aufschlag auf die Rückhand seines Gegners. Becker trifft den Return mit seiner einhändigen Rückhand etwas zu spät, und der Ball landet longline seitlich neben der Grundlinie. 5:7, 7:6, 3:6, 6:1, 6:4 heißt es am Ende für Sieger Moya.

In den Statements nach dem Match macht Verlierer Becker deutlich, wie sehr ihm die Bedingungen zugesetzt haben – vor allem körperlich: „Mein Gehirn ist Rührei, mein Reservekanister ist leer. Am Ende des Spiels wusste ich nicht einmal mehr, wie ich eigentlich heiße. Meine Füße fühlten sich im fünften Satz wie verbrannt an. Ich hatte bei jedem Schritt Angst, dass sich meine Haut ablöst."

Becker zeigt sich aber auch als fairer Verlierer. Er spürt, dass da eine neue Generation kommt, die ihn ablösen will und der dieses Vorhaben auch immer öfter gelingt: „Es gibt keine Entschuldigung. Ich bin Realist, Carlos war der Bessere. Er hat verdient gewonnen."

Für Moya endet die Reise bei den Australian Open 1997 erst im Finale. Dort hat er gegen Pete Sampras zwar keine Chance, dennoch ist der Spanier endgültig in der Beletage des Welttennis angekommen.

Und Becker?

Als er nach seiner Niederlage von Melbourne wieder zurück in Europa gelandet ist, bleibt das Gefühl, dass er irgendwie nicht mehr dazugehört. Dass die Zeit gekommen ist, das Kapitel Profitennis zu beenden. Zudem laboriert er immer wieder an einer Handgelenksverletzung, die er sich beim Wimbledon-Turnier 1996 zugezogen hat. Mit einem Aufschrei lässt der Deutsche damals nach einem Vorhand-Return im ersten Satz den Schläger nach 58 Minuten fallen, deutet auf seine Schlaghand und muss das Match in der dritten Runde gegen den Südafrikaner Neville Godwin aufgeben. Die Diagnose lautet: Teilriss der Strecksehne im rechten Handgelenk. Diese Verletzung behindert Becker in den nächsten Monaten immer wieder und ist ein weiterer dezenter Hinweis, dass sein Körper nicht mehr für konstante Leistungen auf Weltklasseniveau im Tennis geeignet ist.

Allerdings steht für Becker fest, dass er an einem symbolträchtigen Ort von der Tennisbühne abtreten will. Und wo diese Bühne für ihn bereitet ist, daran besteht freilich kein Zweifel: in Wimbledon. Das Wimbledon-Turnier 1997 soll sein letztes Turnier als Profi sein. Zumindest auf der ganz großen Bühne. Er will danach keine Grand-Slam- und Masters-Turniere mehr spielen, lediglich noch ein bisschen auf kleineren Events umhertingeln. Fans, Experten und die Medien ahnen, dass Becker diesen Entschluss gefasst hat. Konkret sagt er dazu vor Wimbledon 1997 allerdings nichts.

Die Bühne in London scheint für ihn im Sommer 1997 perfekt bereitet. Im Viertelfinale tritt er auf dem Center Court gegen Pete Sampras an, dem damaligen Imperator im Herrentennis. In dem Match gegen die Nummer eins der Welt wird zwar abermals deutlich, dass Becker nicht mehr dauerhaft mit der neuen Generation an Profis mithalten kann, ein Klassenunterschied ist jedoch nicht auszumachen. Becker verliert das Viertelfinale mit 1:6, 7:6, 1:6, 4:6. Pete Sampras ist der erste, der von Becker offiziell erfährt, dass dies ein ganz besonderes Match gewesen ist. Beim Handshake am Netz berührt Becker den US-Amerikaner an der Schulter. Er flüstert ihm ins Ohr: „Das war mein letztes Match hier.“ Sampras traut seinen Ohren nicht: „Sag’ das noch mal“, antwortet er. Verlierer Becker lehnt sich noch etwas näher an das Ohr des Siegers und wiederholt: „Das war’s. Das war mein letztes Match hier.“

Doch Becker lügt. Oder besser gesagt: Er bleibt nicht standhaft. In den Wochen nach Wimbledon 1997 packt ihn doch noch mal mehr Ehrgeiz, als er selbst zum Zeitpunkt der Niederlage gegen Sampras geahnt hat. Plötzlich spielt er wieder größere Turniere. Das Ergebnis allerdings bleibt identisch. Boris kann punktuell mithalten mit seinen Gegnern, doch für einen Turniersieg reicht es nicht mehr. Nach der Niederlage gegen Sampras in Wimbledon 1997 gewinnt Becker kein Turnier mehr, erreicht lediglich noch zwei Endspiele. In Gstaad (Juli 1998) und in Hongkong (April 1999). In Gstaad verliert er auf Sand gegen den Spanier Alex Corretja und auf Teppich in Hongkong gegen Andre Agassi.

Parallel arbeitet er mit Hochdruck an der Zeit nach seiner Karriere. Er gründet das Mercedes Junior Team, in dem er die größten Talente des deutschen Tennis vereint und quasi selbst seinen eigenen Nachfolger finden will. Am 15. Juli 1997 stellt Becker in Stuttgart das Nachwuchsteam offiziell vor. Wenige Monate später, im Oktober, wird Becker als Nachfolger von Niki Pilić Daviscup-Teamchef. Sein alter Weggefährte Carl-Uwe Steeb wird Davis-Cup-Kapitän. Und im Mai 1998 gibt Becker die Gründung einer eigenen Marketing-Agentur „BBM“ mit Sitz in München bekannt. Es bleibt aber sein Wunsch nach einem gebührenden Abschied. Natürlich soll dieser in Wimbledon stattfinden – und diesmal aber wirklich.

Allerdings kann er diesen Abschied 1998 nicht wahrnehmen. Sein Handgelenk macht immer wieder Ärger. Boris will zumindest so fit an der Church Road antreten, dass er wettbewerbsfähig ist und die Gefahr minimieren, nach wenigen Aufschlägen aufgeben zu müssen.

Wimbledon 1999 ist also wirklich der letzte Auftritt von Boris Becker als Tennisprofi. Diesmal hat er es auch vorher bereits offiziell kundgetan, und die ganze (Tennis-)Welt weiß, dass der dreimalige Wimbledon-Champion in diesem Jahr sein „Wohnzimmer“ zum letzten Mal als Spieler betreten wird.

1999 ist auch privat ein ereignisreiches Jahr für Boris. Am 20. April stirbt sein Vater Karl-Heinz Becker im Alter von 64 Jahren in einer Heidelberger Spezialklinik an Bauchfellkrebs. Kurz zuvor konnte sich Becker von seinem Vater noch verabschieden und bietet ihm an, bei ihm zu bleiben. Doch Vater Becker will das nicht. Er möchte, dass sein Sohn weiter Turniere spielt und nicht wegen ihm pausiert. Als Boris die Nachricht vom Tod seines Vaters erreicht, spielt er gerade das Turnier in Monte Carlo. Er hat die erste Runde gegen den Franzosen Cédric Pioline gewonnen. Becker reist aber sofort ab und fährt zu seiner Familie nach Leimen.

Becker verliert nicht nur seinen Vater, er verliert auch einen seiner wichtigsten Berater – erst recht nach der Trennung von Ion Tiriac. Karl-Heinz Becker ist eine der wenigen Personen, auf die Boris hört, die er nach Rat fragt und dessen Rat für ihn auch Bedeutung hat. Diese Konstante ist nun weg. Den Aufbruch in sein neues Leben, das Leben nach der Tenniskarriere muss der Leimener ohne seinen Vater meistern.

Vom Center Court in die „Besenkammer“

Der letzte Arbeitstag des Tennisprofis Boris Becker ist der 30. Juni 1999. Der Tag beginnt für Becker und sein Team früh. Um 12 Uhr englischer Zeit ist das Match von Boris Becker gegen Patrick Rafter auf dem Center Court angesetzt. Morgens um sieben Uhr bricht er von seinem Hotel in der City, dem „Conrad International“, gemeinsam mit Trainer Mike DePalmer, Bespanner Kühnel und Physiotherapeut Waldemar Kliesing Richtung Wimbledon-Anlage auf. Ob das Achtelfinale gegen den Australier Rafter auch wirklich sein letztes Match sein wird, das kann man zu diesem Zeitpunkt noch nicht sagen. Die Runden zuvor haben nicht nur bei Hardcore-Becker-Fans die Hoffnung genährt, dass der Deutsche bei seinem letzten Wimbledon-Auftritt sogar noch einmal zum großen Schlag ausholt.

Die erste Runde übersteht der Fast-Rentner gegen Miles MacLagan, seines Zeichens schottischer Hochland-Meister. Mit 0:2-Sätzen liegt er gegen MacLagan schon hinten. Der Schotte ist ein Nobody, rangiert auf Platz 298 der Welt. Becker flucht. Ist unzufrieden. Hadert. Zetert. Und kämpft. Kämpft sich zurück in das Match. Selbst solch eine emotionale Achterbahnfahrt gegen einen auf dem Papier chancenlosen Gegner hat Becker bei seinem Abschiedsturnier parat. Er gewinnt das Duell gegen den krassen Außenseiter mit 6:2 im fünften Satz. Ein „Classic Becker“ bei seinem letzten Tanz in Wimbledon.

Danach folgen zwei sportliche Ausrufezeichen, die nur die wenigsten Becker noch zugetraut haben. Er besiegt nacheinander die jungen Wilden der Tennisszene, Lleyton Hewitt und Nicolas Kiefer, jeweils fast ungefährdet in drei Sätzen. Zwei große Überraschungen. Besonders Landsmann Kiefer trauen die Experten schon in diesem Jahr den Coup in Wimbledon zu. Zudem hat das Duell zwischen Becker und Kiefer in der zweiten Runde eine ganz besonders hohe Brisanz. Zwei Jahre zuvor war Kiefer Teil des von Becker gegründeten Mercedes Junior Teams. So richtig hat die Zusammenarbeit aber nie funktioniert. Jung-Star Kiefer will schon bald wieder alleine sein Glück versuchen und emanzipiert sich von Förderer Becker. Abgesehen davon hat Becker den Eindruck, dass die Familie Kiefer mit ihren Beratern gegen ihn Stimmung beim DTB macht.

Bei seinem letzten Wimbledon-Auftritt zeigt Becker dem unliebsamen Emporkömmling aus Holzminden aber noch einmal, was passiert, wenn Boris ein Tennismatch persönlich nimmt. Becker zermürbt den jungen Deutschen mit seinem Aufschlag und dem permanenten Serve-and-Volley. 6:4, 6:2, 6:4 – so das Ergebnis für Becker. Die Hackordnung im deutschen Tennissport wurde noch einmal zementiert.

Danach folgt in der dritten Runde das nächste Ausrufezeichen gegen Lleyton Hewitt – und nun das Duell mit Patrick Rafter. Bei allem Respekt für die Qualitäten der jungen Wilden Kiefer und Hewitt: Patrick Rafter ist im Sommer 1999 noch einmal eine andere Liga. Das fünf Jahre jüngere Kraftpaket aus Australien steht in der Blüte seiner Karriere und rangiert auf Platz zwei der Weltrangliste. Eigentlich soll das Match gegen Rafter schon am Dienstag, also einen Tag zuvor starten. Doch der Londoner Regen macht dem Vorhaben einen Strich durch die Rechnung.

So sitzt Boris am Dienstag, am 29. Juni 1999, im Deutschen Haus des Deutschen Tennis Bundes an der Burghley Road, 300 Meter entfernt vom Center Court, und spielt eine Runde Skat nach der anderen. Doch am Mittwoch ist der Wettergott gnädig. Vereinzelt zeigt sich sogar die Sonne am britischen Himmel. Rafter und Becker dürfen ran. Um zwölf Uhr betreten beide Spieler den Rasen. Auch Beckers Frau Barbara hat es zum Center Court geschafft. Sie ist zu diesem Zeitpunkt hochschwanger mit dem zweiten Kind und hat in den Tagen von Wimbledon immer wieder mit gesundheitlichen Problemen zu kämpfen.

Zu Beginn des Matches sieht es tatsächlich so aus, als könne Boris Becker das Erfolgsmärchen bei seinem letzten Auftritt in Wimbledon fortsetzen. Becker nimmt Rafter direkt dessen zweites Aufschlagspiel ab und geht mit 2:1 im ersten Satz in Führung. Wie oft hat ein Break im Laufe seiner Karriere für Boris gereicht, um danach mit seinem Aufschlag den Satz nach Hause zu holen? Diesmal nicht. Noch einmal kann Boris seinen Aufschlag halten und 3:2 in Führung gehen. Dann fängt sich Rafter. Der Mann im Surfer-Look übernimmt das Kommando auf dem Center Court und lässt Boris nicht ein Spiel mehr im ersten Satz.

Becker findet nicht mehr zurück in das Match. Es ist nun ein ungleiches Duell. Das sieht auch sein alter Widersacher Michael Stich so. Stich kommentiert in der BBC das Achtelfinale zwischen Becker und Rafter. Der Wimbledon-Sieger von 1991 stellt immer wieder nüchtern fest, dass sich Boris einfach nicht gut genug bewegt und dass sich hier schlicht zwei unterschiedliche Fitness-Generationen auf dem Center Court gegenüberstehen.

Selbst Beckers Aufschlag funktioniert immer weniger. Doppelfehler folgt auf Doppelfehler. So hat er gegen den schnelleren, fitteren Rafter überhaupt keine Chance.

Unruhe macht sich derweil in seiner Box breit. Anfang des dritten Satzes spürt seine hochschwangere Frau Barbara ein starkes Ziehen im Bauch. Sie muss die Box verlassen und fährt umgehend zurück ins Hotel, um sich auszuruhen. So bekommt Barbara den letzten Ballwechsel ihres Mannes auf dem Center Court von Wimbledon nicht mehr mit.

Am 30. Juni um 13:54 Uhr Ortszeit in London ist es so weit: Becker holt beim zweiten Matchball gegen sich noch einmal, wie man es kennt, zweimal ordentlich Schwung, bevor er den Ball zum Aufschlag nach oben wirft. Erster Aufschlag: Der Ball landet meterweise im Aus. Zweiter Aufschlag: mit Topspin auf Rafters einhändige Rückhand. Der erwischt den Return aber voll und blockt ihn direkt vor die Füße seines ans Netz stürmenden Gegners. Becker muss den Ball vor seinen Füßen als kaum zu kontrollierenden Halb-Volley nehmen. Er will ihn in die Vorhand-Ecke Rafters platzieren. Vergeblich. Der Ball landet zwar knapp im Aus. Aber Aus ist Aus. Schluss. Vorbei. Ende.

Rafter ballt die Fäuste zufrieden, joggt Richtung Netz. Hier wartet der Unterlegene bereits auf ihn. Becker gratuliert kurz und knapp, noch ein schneller Handshake mit dem Stuhl-Schiedsrichter. Der Deutsche scheint es eilig zu haben. Hastig packt er seine vier Schläger und die zwei Schweißbänder von seinen Handgelenken ein, wirft seine dunkelblaue Tasche seines Ausrüsters „Lotto“ über die Schulter und will den Platz verlassen. Nach der Wimbledon-Etikette geht das allerdings nur gemeinsam mit Rafter. Die Fans erheben sich und würdigen den Deutschen bei seinem Abschied mit Standing Ovations. Kurz weist Becker Rafter noch darauf hin, dass sie sich mit einer kurzen Verbeugung von der Herzogin von Kant verabschieden müssen, die als bekennende Boris-Becker-Anhängerin in der königlichen Box das letzte Becker-Match auf dem heiligen

Rasen von Wimbledon selbstverständlich verfolgt hat. Eine letzte Verbeugung vor der Tennishistorie – und der Tennisprofi Boris Becker ist Geschichte.

In der Kabine empfängt ihn sein Team aus Trainer, Bespanner und Physiotherapeut. Becker wirkt entspannt, fast erleichtert. Er geht duschen. Danach folgt ein Interview-Marathon für die übertragenden TV-Sender aus der ganzen Welt. Auch in diesen Gesprächen wirkt der gerade Zurückgetretene aufgeräumt. Nicht ängstlich in die Zukunft blickend, sondern bestens vorbereitet und mit klarem Blick auf das nächste Kapitel in seinem Leben. Er macht unmissverständlich klar, dass es – anders als 1997 – dieses Mal keinen Weg zurück gibt und dass das hier heute wirklich sein letztes Match gewesen ist. Im Kopf hat er zwar noch einen Auftritt beim Turnier am Stuttgarter Weißenhof in wenigen Wochen. Doch dazu kommt es nicht mehr. Das Achtelfinale am 30. Juni 1999 ist das letzte Profispiel für Boris Becker.

Der Tag ist allerdings nach dem Match, Duschen und Interview-Marathon für Becker noch lange nicht zu Ende. Zunächst fährt er ins Deutsche Haus in der Burghley Road. Dort warten die deutschen Journalisten, die ihn in den letzten Jahren weltweit begleitet haben. Die Atmosphäre ist ausgelassen. An Stehtischen wird gemeinsam ein Bier nach dem anderen geleert. Schnell füllen sich die Tische mit leeren Flaschen. So langsam wird einigen Journalisten klar: Mit Boris Becker als Tennis-Rentner ist auch meine Arbeitsgrundlage weg. Wurde man in den vergangenen Jahren mit Becker von den Redaktionen noch wie selbstverständlich in alle Herren Länder geschickt, um über den Weltsportler Boris Becker zu berichten, wird dieses Privileg in Zukunft wegfallen. So mischt sich beim alkoholischen Anstoßen auch die ein oder andere Zukunftssorge in die feuchtfröhliche Rücktrittsatmosphäre.

Aber nicht bei Boris Becker. Er schwärmt von seiner Vision der „Boris Becker AG“. Von einer globalen Marke, die er nun mit ganzer Macht etablieren wird. Er sehe sich zukünftig in einer Liga mit Marken wie Coca-Cola, Nike, Adidas oder Mercedes-Benz. Doch bevor die „Boris Becker AG“ die Aktienmärkte dieser Welt erobert, heißt es an diesem Tag erst einmal: Es wird gefeiert! So stellt sich Tennis-Rentner Boris jedenfalls den weiteren Verlauf des Abends vor. Doch davor will er noch kurz die richtigen Bilder seines Abschieds in die Heimat senden. Ins Deutsche Haus dürfen nicht alle Journalisten. Es sind hauptsächlich Print-Journalisten, die Becker schon seit Jahren begleiten. Vor der Tür warten die Event-Journalisten, meist mit TV-Kameras, die spektakuläre Bilder vom Abschied des „roten Barons“ nach Deutschland liefern sollen.

Als Becker im Aufbruch begriffen ist, kommt ihm eine Idee: Für die TV-Kameras wäre es doch cool, würde er vor der Tür in ein Auto steigen, sich ans Steuer setzen und Richtung Londoner Sonnenuntergang steuern. Gesagt, getan. Sein Fahrer und Schläger-Bespanner Uli Kühnel organisiert ein Auto. Das wartet am Eingang. Boris kommt raus, vergewissert sich, dass die Kameras laufen, steigt ein und fährt los. „Wie lange muss ich?“, fragt er noch die Kameramänner. „100 Meter reichen“, lautet die Antwort. Wieder gesagt und getan. Nach hundert Metern ist alles im Kasten. Boris hält an, steigt aus und läuft zurück zum Deutschen Haus. Das Auto fährt Uli Kühnel zurück auf den Parkplatz.

Danach lässt sich Boris Becker von Uli Kühnel zurück ins Conrad International fahren. Hier trifft er auf seine hochschwangere Frau Barbara, die sein Abschiedsmatch wegen starken Schmerzen im Bauch nicht live in der Box ihres Mannes verfolgen konnte.

In der Suite kommt es zwischen Boris und Barbara zum Streit. Barbara will mit ihrem Mann einen ruhigen Abend verbringen. Boris hingegen will mit seiner Entourage losziehen und in London das Ende des einen und den Beginn eines neuen Lebensabschnitts ordentlich feiern. Dass es vielleicht die bessere Idee ist, bei seiner hochschwangeren und gesundheitlich angeschlagenen Ehefrau zu bleiben, davon kann ihn auch seine Mutter Elvira nicht überzeugen, die ebenfalls in London ist. Sie, nach dem Tod ihres Mannes immer noch ganz in Schwarz gekleidet, nimmt ihren Sohn zur Seite und redet auf ihn ein. Ohne Erfolg. Boris bleibt stur und besteht darauf, dass dies sein Abend ist und er jetzt feiern will.

Wegen anhaltender Schmerzen beschließt Barbara, ein Krankenhaus aufzusuchen. Aber nicht ihr Mann Boris begleitet sie, sondern eine Freundin.

Die Auseinandersetzungen mit Barbara und seiner Mutter haben jedoch so lange gedauert, dass seine Feierbegleitungen nicht mehr in der Lobby des Hotels auf ihn warten. Dort harrte sein Team um Trainer Mike DePalmer, Schläger-Bespanner Uli Kühnel und Physiotherapeut Waldemar Kliesing mehrere Stunden aus. Auch Charly Steeb hat sich der Truppe für den Abend noch angeschlossen. Als Boris allerdings nicht auftauchte, brachen sie allein in ein Londoner Restaurant auf.

Für Boris stellt das kein Problem dar. Er steigt vor dem Hotel in ein Taxi und lässt sich ins Nobu fahren. Das Nobu ist ein japanisches Edel-Restaurant im Metropolitan Hotel an der Hyde Park Corner. Gegen 23 Uhr betritt Boris das Restaurant. Dort war er in den letzten Wochen öfter zu Gast. Genau wie ein Gelegenheits-Model mit russischen Wurzeln. Angela Ermakova. Auch sie ist im Nobu Stammgast und hat Boris hier bereits getroffen.

Im Juni 1999 kennt sie also den deutschen Tennishelden. Im Februar des Jahres haben sich beide im Nobu das erste Mal getroffen. Ermakova holt sich damals ein Autogramm von dem Deutschen, er sich ihre Telefonnummer. Mehr passiert nicht. Ermakova ist danach immer wieder im Nobu und hofft, Boris zu treffen. Vergeblich. Am Abend des 30. Juni erhält sie dann eine SMS von Boris, ob man sich im Nobu treffen wolle. Sie will. Er will.

Angela Ermakova wartet an der Bar. Ein blonder großer Mann mit leicht wippendem Gang steigt aus einem Taxi – Boris. Beide haben sofort Blickkontakt und verlieren keine großen Worte, treffen sich auf dem Weg zur Toilette. Boris packt die junge Frau, und es geht ohne große Worte zur Sache. Die Leidenschaft ist stärker als die Angst, erwischt zu werden. Sie haben kurzen, heftigen, ungeschützten Sex. Nicht in einer Besenkammer. Auf einer Treppe auf dem Weg zu den Waschräumen.

Danach trennen sich ihre Wege für diesen Abend und führen sie neun Monate später doch für ein Leben lang zusammen.

Becker verlässt das Nobu um kurz nach eins. Er fährt mit dem Taxi zurück ins Conrads International. Seine Frau Barbara ist immer noch im Krankenhaus. Zur Beobachtung. Dem Sohn in ihrem Bauch scheint es aber gut zu gehen. Ausreichend Beruhigung für Becker, sich hinzulegen und sich in sein neues Leben zu schlafen. Ein Leben nach der aktiven Tenniskarriere. Das, was seine DNA in den letzten Jahrzehnten ausgemacht hat, ist weg. Nicht der Tennissport. Becker kann in jeder Ecke der Erde einen Platz finden und ein paar Bälle spielen. Aber ab sofort fehlt der ernsthafte Wettkampf auf dem Platz. Becker ist nicht der Showmatch-Typ. Für ihn muss es beim Duell auf dem Platz um etwas gehen. Die reine Belustigung des Publikums ist ihm zu wenig. Er braucht mehr. Mehr Konkurrenz. Mehr Emotionen. Mehr Kampf.

Wie war es, gegen Boris Becker zu spielen?

Ab dem 1. Juli 1999 ist es aber nun auf einmal da – das dritte Leben von Boris Becker. Das Leben, in dem er kein Tennisprofi mehr ist und keine Struktur aus Trainingsplan und Turnierkalender hat, die sein Denken und Handeln diktiert. Es wird ein schwieriger neuer Abschnitt, der die Definition von Boris Becker über Siege und Niederlagen noch einmal auf eine harte Probe stellt. Doch bevor dieses Kapitel im Leben des dreifachen Wimbledon-Siegers beginnt, soll an dieser Stelle noch einmal der Tennisspieler Boris Becker im Mittelpunkt stehen.

Wie war es, gegen den großen Boris Becker auf dem Platz zu stehen? Was hat ihn ausgezeichnet? Und wie hat sich der Tennisspieler Becker im Laufe der Karriere entwickelt?

Jemand, der das wie kaum ein anderer beurteilen kann, ist Alexander „Alex“ Antonitsch. Der Österreicher ist gerade mal gut drei Monate älter als Becker und kennt ihn bereits aus Jugendtagen. Die österreichischen und deutschen Talente verbindet in jener Zeit eine Freundschaft, schon allein, weil es zwischen ihnen im internationalen Talentezirkus keine Sprachbarrieren gibt. Aber sie sind natürlich auch Konkurrenten. Antonitsch, der es als Profi im Einzel bis auf Platz 40 der Weltrangliste schafft, trifft früh auf das Ausnahmetalent aus Deutschland – etwa im Sommer 1983. Bei der ersten Auflage des internationalen Jugendturniers in Villach, der Heimat von Alex Antonitsch, steht er im Finale dem 15-jährigen Boris Becker gegenüber. Das Ergebnis ist recht eindeutig. Becker holt sich den Turniersieg mit 6:3, 6:4.

Aber auch Jahre später kreuzen sich ihre Wege auf dem Tennisplatz. 1990 hat Antonitsch Becker auf dessen Lieblingsbelag Rasen, im Londoner Queen's Club, am Rande einer Niederlage. Am Ende muss er dem Deutschen dann aber doch ein weiteres Mal zum Sieg gratulieren. Antonitsch verliert mit 3:6, 1:6, 7:9.

GESPRÄCH MIT ALEX ANTONITSCH, EHEMALIGER ÖSTERREICHISCHER TENNISSPIELER, APRIL 2024

Herr Antonitsch, was kommt Ihnen zuerst in den Kopf, wenn Sie an Ihr Duell mit dem jungen Boris Becker im Jahr 1983 in Ihrer Heimat Villach denken?
Natürlich ein Sieg. Im Doppel habe ich nämlich gemeinsam mit Thomas Muster das Doppelfinale gegen Becker/Böttinger gewonnen. Aber zur ganzen Wahrheit gehört natürlich auch, dass ich am nächsten Tag das Einzelfinale gegen Boris gespielt und dort deutlich verloren habe.

Wie erinnern Sie sich an das Finale?
Ich kannte ihn schon. Aber gegen ihn zu spielen, ist doch noch mal was anderes. Die Power, die er hatte, war schon unglaublich. Und das in diesem Alter. Mit seinem Aufschlag konnte er ein Match vollkommen dominieren. Ich habe versucht, ihn mit ein paar Varianten aus dem Konzept zu bringen. Mal einen Stopp als Return einzustreuen. Solche Spielereien. Aber das hat er mit seiner Athletik und Kraft einfach weggebügelt. Zudem hat er das Netz unglaublich abgedeckt. Wenn er sich am Netz aufgebaut hat, hatte man das Gefühl: Wie soll ich da nur vorbeikommen?

Konnten Sie auch noch Schwächen erkennen?
Man konnte schon sehen, dass Sand nicht sein bester Belag ist. Die Beweglichkeit war auch mit Sicherheit nicht seine größte Stärke. Aber dass er mich trotzdem im Finale mit 6:3, 6:4 geschlagen hat, zeigt, dass er schon damals ein, zwei Nummern zu groß für mich war und welches unglaubliche Potenzial in ihm gesteckt hat.

Wie war Ihr Kontakt in der Jugendzeit?
Ich kannte ihn natürlich schon vor dem Finale. Ich bin ja mit den Spielern seiner Generation groß geworden. Mit einem Udo Riglewski, Carl-Uwe Steeb oder Patrik Kühnen. Auf unserer Seite, also auf der Seite der Österreicher, war ich mit Thomas Muster und Horst Skoff unterwegs. Da ist man sich oft über den Weg gelaufen. Genau zu der Zeit des Finales von Villach ist uns der Boris abhandengekommen. Er war einfach zu gut und ist auch wenig später mit Bosch und Tiriac allein zu den Turnieren gefahren.

Die einprägsamste Eigenschaft von Boris zu dieser Zeit?
Sein Selbstvertrauen. Das war schon immens. Da musste man schon die Flügeltür aufmachen, wenn Boris einen Raum betreten hat. Mit einem so breiten Selbstvertrauen war er unterwegs. Selbstzweifel kannte er nicht. Das meine ich auch gar nicht negativ. Das braucht es, wenn man in die Sphären vordringen will, in die er es wenig später geschafft hat.

Wie sind Sie dann als Profi mit ihm ausgekommen?
Immer gut. Ich war natürlich für ihn keine wirkliche Konkurrenz. Dafür standen wir in der Weltrangliste einfach zu weit auseinander.

Aber einmal waren Sie sehr ernsthafte Konkurrenz.
Das war im Londoner Queen's Club im Jahr 1990. Da erinnere ich mich noch genau. Im dritten Satz führe ich 6:5, habe 0:30 beim Aufschlag von Boris. Da habe ich gespürt, jetzt macht es Boris erst richtig Spaß. Wenn es eng wurde, er mit dem Rücken an der Wand gestanden hat, dann hat er erst richtig losgelegt. So auch in unserem Match in Queen's 1990. Ich habe nicht schlechter gespielt. Kann mir bei 6:5, 0:30 keine großen Vorwürfe machen.

Boris hat in den nächsten Ballwechseln einfach zwei Gänge höher geschaltet. Diese Fähigkeit, in diesen Situationen das beste Tennis zu spielen, das war meiner Meinung nach die größte Stärke von ihm. Deswegen war er auch im Davis Cup so stark. Die Fans im Rücken oder alle gegen dich, die Entscheidung über Ausscheiden oder Weiterkommen, der Druck, für das eigene Land zu spielen. All das hat ihn in keiner Weise gehemmt, sondern beflügelt. Wo andere einen Bammel bekommen, läuft er erst zur Hochform auf. Das habe ich eben in Queen's 1990 auch erfahren müssen. Ganz selten hat er in emotionalen Situationen einen schweren Arm bekommen.

Was war Ihrer Meinung nach eine dieser seltenen Situationen?
Das Wimbledon-Finale 1991 gegen Michael Stich. So habe ich Boris eigentlich nie mehr spielen sehen. Da hat selbst ihn die Situation überwältigt, und er hat sie nicht eingefangen bekommen. Auf einmal war mit Michael Stich jemand da, der unglaubliches Tennis spielt, wahrscheinlich der talentierteste Spieler, den ich je gesehen habe, und dieser Stich will ihm seinen Center Court in Wimbledon wegnehmen. Diese Angst hat man bei Boris gespürt, und sein Selbstvertrauen war in diesem Match weg. Und ohne seine größte Stärke war er dann gegen Stich letztlich chancenlos.

Wo ordnen Sie Boris Becker in seiner Größe und Bedeutung für den Tennissport ein?
Roger Federer steht für mich da immer noch ganz oben. Nehmen wir die Erfolge, müsste ich Novak Djokovic sagen. Aber die reine Anzahl an Turniersiegen und Wochen als Nummer eins der Welt sind es eben auch nicht. Mich hat zum Beispiel auch ein John McEnroe immer fasziniert. Auch ein Rafael Nadal. Im deutschsprachigen Raum hat Boris das Tennis geprägt wie kein anderer.

In Österreich vielleicht noch Thomas Muster. Aber besonders, wie früh Boris seine Erfolge gefeiert hat, ist außergewöhnlich und ist für mich eine Ausnahmeerscheinung, die über den Tennisplatz hinauswirkt.

Die heile Welt zerfällt

Die ersten Monate im Tennisruhestand verbringt Boris Becker noch relativ entspannt und mit angenehmen Themen. Am 4. September 1999 kommt sein zweiter Sohn Elias auf die Welt. Allerdings hat der 30. Juni für Boris ein Nachspiel – und was für eins. Im Februar 2000 rattert in seiner Firma in München-Unterföhring das Faxgerät. Post aus London. Von Angela Ermakova. „Unser letztes Treffen ist acht Monate her. Das ist meine neue Nummer. Ruf mich bitte an", liest Boris auf dem Stück Papier. Das Wort „schwanger" findet sich nicht auf dem Fax. Es braucht jedoch nicht viel Fantasie, um zu erkennen, was Angela Ermakova Boris mitteilen will: Das Ergebnis unseres „Treffens" im Nobu am 30. Juni 1999 erblickt in wenigen Wochen das Licht der Welt.

Boris will das nicht glauben. Er ruft sofort die angegebene Nummer an und spricht mit der vermeintlichen Mutter seines dann dritten Kindes. Anders als in dem Fax sagt das Gelegenheits-Model aus London am Telefon eindeutig und ohne Interpretationsspielraum, dass sie schwanger sei. In der nächsten Woche fliegt Boris, der seiner Frau Barbara noch kein Wort von der Angelegenheit erzählt hat, nach London, um sich mit Angela Ermakova zu treffen.

Für das Treffen mietet Boris extra eine ganze Hotel-Etage an, damit ihnen nicht unliebsamer Besuch über den Weg läuft. Als Boris und Angela sich begrüßen und die Wahl-Londonerin ihren Mantel öffnet, ist schnell ersichtlich, dass sie tatsächlich hochschwanger ist. Boris bleibt kühl und erklärt Ermakova, dass er seinen Pflichten nachkommen wird, wenn er der Vater sei. Mit der Betonung auf „wenn". Er verlangt einen DNA-Test, sobald das Baby, ein Mädchen, auf die Welt gekommen ist. Bis dahin geht Angela Ermakova mit ihrer Geschichte noch nicht an die Öffentlichkeit. Da sind sich beide in dem Londoner Hotelzimmer einig. Als sie aber merkt, dass Boris ihr immer feindseliger gegenübertritt, organisiert sie so genannte „Abschüsse" englischer Boulevard-Blätter, die sie mit ihrer frisch geborenen Tochter Anna zeigen. Diese Bilder sind eindeutiger als jeder DNA-Test: Anna ist ihrem Vater Boris wie aus dem Gesicht geschnitten, und das Bestehen auf einem DNA-Test wirkt spätestens mit dem Erscheinen der Bilder von Anna grotesk und lächerlich.

Mit der Beichte gegenüber seiner Frau Barbara wartet Becker bis zur letzten Sekunde. Da ist Anna schon geboren, und jeden Tag könnte die ganze Welt von Boris' Auswärtsspiel in der vermeintlichen Besenkammer erfahren. Barbara reagiert geschockt.

Das Jahr 2000 ist kein gutes Jahr für Boris Becker. Öffentlich wird er wegen seiner Begegnung mit Angela Ermakova und der frappierenden Ähnlichkeit zwischen ihm und seiner Tochter Anna durch den Kakao gezogen. Hinter den Kulissen muss er die Angelegenheit mit Ermakova finanziell und juristisch regeln, so dass zumindest von ihrer Seite aus keine weiteren öffentliche Angriffe zu erwarten sind.

Zudem kriselt es in seiner Ehe schwer. Und da ist ja auch noch das große Nichts nach der Tenniskarriere. Nun gibt es keinen Trainingsplan mehr, der seinen Tagen strukturiert. Kein Turnierkalender, der den Jahresrhythmus bestimmt. Plötzlich muss Boris sein Leben selbst organisieren. Als Tennisprofi kommt schnell das Gefühl auf, selbstständig und völlig autark zu leben.

Schließlich steht man in einer Einzelsportart auf dem Platz und muss binnen Sekunden Entscheidung um Entscheidung treffen, die einem niemand abnehmen kann. Spiele ich den Ball longline oder cross? Gehe ich nach vorne oder bleibe lieber an der Grundlinie? Schlage ich durch die Mitte oder doch lieber nach außen auf? Mit diesen Entscheidungen steht ein Tennisprofi vollkommen allein auf dem Platz. Dennoch ist es eine Schein-Selbstständigkeit. Abseits des Platzes gibt es eine Entourage, die alle Entscheidungen regelt. Sobald ein Tennisprofi den Platz verlässt, gibt er in den meisten Fällen auch seine Selbstständigkeit auf. Erst recht bei dem Superstar-Status eines Boris Becker. Während der Karriere fällt dieses Missverhältnis aus gefühlter und realer Selbstbestimmtheit kaum auf. Doch nach der Karriere schlägt es unbarmherzig zu. Auch bei Boris Becker.

Geschäftlich bleibt für die ehemalige Nummer eins allerdings eins klar: Er will weiter das große Rad drehen. Dafür setzt er sich mit den erfolgreichsten Geschäftsleuten an einen Tisch. Wie etwa mit Ex-RTL-Chef Helmut Thoma oder Pixelpark-Chef Paulus Neef. Mit ihnen ruft er ein Internet-Portal ins Leben. „Sportgate" heißt es und soll Amateursportler miteinander verbinden. Aber es kommt so recht nicht in Gang. Helmut Thoma beklagt sich öffentlich über die Arbeitsmoral und Beratungsresistenz von seinem Geschäftspartner Boris Becker.

Privat überschlagen sich im Jahr 2000 weiter die Ereignisse. Es kommt zur Trennung mit Barbara. Wer sich genau von wem trennt, darüber sind sich Boris und Barbara bis heute nicht einig. Die Version von Boris lautet: Man habe sich wieder zusammengerauft und beschlossen, gemeinsam um die Ehe zu kämpfen. Allerdings habe er gemerkt, wie Barbara ihm die Angelegenheit rund um die folgenschwere Affäre immer wieder vorhielt, sobald ein Streit ausgebrochen sei. Selbst wenn der Streit sich um etwas völlig anderes gedreht habe. An diesem Punkt sei er, so sagt Boris, aus der Ehe, aus der Beziehung ausgestiegen. Für ihn hätte die Ehe mit Barbara nur weiter Sinn ergeben, wenn sie ihm die Ermakova-Episode vollkommen verziehen hätte. Daran habe er jedoch nicht mehr geglaubt, und so sei es letztlich zur Trennung gekommen.

Barbara ist dagegen nicht so redselig, wenn sie auf die Gründe der Trennung zwischen ihr und Boris angesprochen wird. Damals wie heute. Ihr Mimen-Spiel dabei deutet jedoch darauf hin, dass sie die Boris-Version nicht teilt. Was auch immer die wahren Gründe für die Trennung des Ehepaars Becker sind, das Ergebnis bleibt gleich: Ende 2000 beschließen Barbara und Boris, getrennte Wege zu gehen.

Auch geschäftlich wird es im Jahr 2000 danach nicht besser. „Sportgate" ist immer noch nicht online, und wenig später muss die Firma Sportgate AG von Becker, Thoma und Neef sogar Insolvenz anmelden. Für Boris ist es mit der Insolvenz allerdings nicht getan. Er hat sich im Jahr 2000 schriftlich verpflichtet, Verluste der Sportgate AG bis zu 1,5 Mio. Euro auszugleichen. Nun pocht der Insolvenzverwalter der Sportgate AG auf diese Vereinbarung. Im folgenden Prozess zeigt sich selbst der Richter erstaunt, dass Becker so ein Papier unterschrieben hat. Nach einigen weiteren Prozessen um diese unglückliche Investition muss Boris letztlich 108.000 Euro Schadenersatz zahlen. „Sportgate" geht nie online.

Und die Schlagzeilen werden nicht schmeichelhafter. Die Scheidung zwischen ihm und Barbara steht auf dem Plan. Und die Hoffnung, dass diese geräuschlos vonstattengeht, zerschlägt sich schnell. Barbara reicht an ihrem Wohnsitz in Miami die Scheidung ein. Die Gerichtsverhandlung darüber wird zu einem öffentlichen Schauspiel.

Getty Images

Boris Becker (u. l.) auf dem Tennisplatz in seiner Heimat Leimen, rund um das Jahr 1970.

dpa/pa/Sven Simon

Frühe Entdecker und Förderer von Boris: Trainer Günther Bosch und Manager Ion Tiriac.

dpa/pa/Sven Simon

Historischer Sieg: Boris Becker gewinnt 1985 als 17-jähriger, ungesetzter Spieler seinen ersten Wimbledon-Titel.

dpa/pa/ 214959

Boris mit Wimbledon-Pokal und Familie Becker – Vater Karl-Heinz, Schwester Sabine und Mutter Elvira (v. l.).

dpa/pa/Sven Simon

dpa/pa/ASSOCIATED PRESS

Zurück in der Heimat ist am 12. Juli 1985 halb Leimen auf den Beinen und empfängt seinen Jungen – inklusive Autokorso und Ansprache vom Rathausbalkon.

Nach dem Wimbledon-Sieg ebenfalls Pflichtprogramm: Besuch Beckers im ZDF-Sportstudio.

Dpa/pa/Thomas Wattenberg

dpa/pa/Sven Simon

Im Wimbledon-Finale 1989 besiegt Boris seinen Erzrivalen Stefan Edberg in drei Sätzen.

dpa/pa/Hans Rauchensteiner

Auch Steffi Graf entscheidet die Einzelkonkurrenz von Wimbledon 1989 für sich. Tennis-Deutschland ist aus dem Häuschen.

dpa/pa/Hans Rauchensteiner

Das deutsche Team mit Patrick Kühnen, Boris Becker, Eric Jelen, Carl-Uwe Steeb und Trainer Nikola Pilić (v. l.) gewinnt im Dezember 1989 das Davis-Cup-Finale gegen Schweden.

dpa/pa Rolf Kosecki

Im Wimbledon-Finale 1991 stehen sich Michael Stich (vorne) und Boris Becker gegenüber. Stich gewinnt, Becker erringt trotzdem die Weltranglistenspitze.

IMAGO/Images/Pressefoto Baumann

Freunde sind sie bekanntlich nie gewesen – trotzdem treten Michael Stich und Boris Becker gemeinsam im Tennis-Doppel bei den Olympischen Spielen 1992 in Barcelona an. Und holen sensationell Gold.

Aus frühen Tagen: Im Laufe seines bewegenden Lebens tritt Boris mehrfach bei Reinhold Beckmann auf und plaudert aus dem Nähkästchen. Wie hier im Jahr 1995.

dpa/pa/Markus Beck

dpa/pa/DB

1993 heiratet Boris zum ersten Mal: die gebürtige Barbara Feltus, mit der er seit 1991 liiert war und mit der er 1994 und 1999 zwei Söhne bekommen wird.

dpa/pa/epa efe Montserrat Diez

Ein Anwesen für die ganze Familie – das war Boris' Wunsch für die Finca „Son Coll" auf Mallorca. Letztlich ist sie Sinnbild für seine geplatzten Träume.

Pressekonferenz mit Boris Becker, Dr. Helmut Thoma, Paulus Neef (Pixelpark) und Manfred von Richthofen (v. l.) zum Start des Internetauftritts der Firma Sportgate im Jahr 2000 am Brandenburger Tor in Berlin.

dpa/pa/Eventpress | Henry H. Herrmann

dpa/pa/Frank Mächler

18.9.2003 im Münchner Landgericht: Fast ein Jahr nach seiner Verurteilung wegen Steuerhinterziehung und zwei Jahre nach der Sportgate-Insolvenz muss er erneut vor Gericht erscheinen. Der Insolvenzverwalter hat ihn auf Zahlung von 1,5 Millionen Euro Firmenschulden plus Zinsen verklagt.

dpa/pa/ASSOCIATED PRESS | Rene Tillmann

Angela Ermakova mit der 7-jährigen Tochter Anna, die nach einem Seitensprung von Boris im Jahr 1999 im März 2000 geboren wurde.

dpa/pa/Frank May

Am 12. Juni 2009 heiratet Boris Becker seine Freundin Sharlely Kerssenberg, genannt Lilly, in der Kapelle Regina Pacis in St. Moritz.

dpa/pa/DPPI

Becker 2010 bei einem Tennisturnier mit seinen beiden Söhnen Elias (links) und Noah.

Getty Images

2013 tritt Boris zusammen mit seiner Frau Lilly bei „Alle auf den Kleinen“, einer Sendung von und mit Oliver Pocher, auf.

dpa/pa/Jonathan Brady

Der erste große Erfolg an der Seite seines neuen Schützlings Novak Djokovic ist der Wimbledon-Sieg 2014 im Finale gegen Roger Federer.

dpa/pa/ZUMAPRESS/Stephen Lock

Boris Becker ist zwischenzeitlich quasi Teil der Familie Djokovic, hier zusammen mit anderen Teammitgliedern und Djokovic' Ehefrau Jelena (4. v. l.).

dpa/pa/ABACA

Lange Zeit die Leerstelle in Novaks Titelliste, gewinnt er 2016 endlich auch die French Open – mit einem Sieg im Finale gegen Andy Murray.

dpa/pa/AP Photo | Ben Curtis

Als Trainer an der Seite von Novak Djokovic erlebt Boris Höhen und Tiefen, auf erfolgreiche Phasen folgen später Entfremdung und Trennung.

dpa/pa/Frank Molter

Seit 2017 kommentiert Boris Becker als Experte an der Seite von Matthias Stach die Grand-Slam-Turniere bei Eurosport – und zuletzt auch die Olympischen Spiele 2024 von Paris.

dpa/pa/ZUMAPRESS/Tayfun Salci

Am 29. April 2022 wird Boris Becker – hier in Begleitung seiner Freundin Lilian de Carvalho Monteiro – vor einem britischen Gericht wegen Insolvenzdelikten zu zweieinhalb Jahren Haft verurteilt und muss seine Strafe sofort antreten. Kurz vor Weihnachten 2022 wird er vorzeitig entlassen und nach Deutschland abgeschoben.

Gerhard Delling, Boris Becker und Philipp Neuffer, Geschäftsführer der Firma fensterversand.com, bei einer Pressekonferenz am 10. März 2023, die Becker als neues Werbegesicht der Firma präsentiert.

dpa/pa/Monika Skolimowska

TV-Sender übertragen das Scheidungs-Drama aus Florida live. Millionen Zuschauer sind im Januar 2001 dabei, wenn Boris sich vor unnachgiebigen US-Richtern zu seiner Ehe, seiner Treue und seiner Rolle als Vater erklären muss. Beste Unterhaltung à la Hollywood, wenn es sich nicht in Miami ereignen würde.

Boris ist erstaunt, wie hart Barbara und ihre Anwälte vorgehen. Er hat geahnt, dass der Prozess in Miami kein Spaziergang wird, aber mit so harten Bandagen hat er nicht gerechnet.

Es ist eine öffentliche Vorführung, was sich da in Florida rund um das einstige Traumpaar abspielt. Manchmal weiß man nicht, was für Boris die schlimmere Strafe ist: der (abermalige) finanzielle Aderlass oder die für jeden ersichtliche Demütigung. Boris versucht, eine öffentliche Hetzjagd auf ihn und seine Kinder darzustellen. Spricht sogar von Morddrohungen. Ein verzweifelter Versuch, die Medien per richterlichem Beschluss aus dem Gerichtssaal zu bringen. Vergeblich. Die Teilnahme an dem Verfahren und die damit verbundene Nachvollziehbarkeit des Verfahrens für die Bürgerinnen und Bürger wiegen für den Richter höher als die Privatsphäre.

Letztlich einigen Boris und Barbara sich außergerichtlich. Barbara erhält für die Scheidung 14,4 Mio. US-Dollar und zusätzlich ein Haus auf der Promi-Insel Fisher Island bei Miami. Das Sorgerecht für die Kinder teilen sich die Beckers.

Die Prozesse um, mit und gegen Becker hören aber nicht auf. Im Juli 2001 wird Becker in London zu Unterhaltszahlungen für seine uneheliche Tochter Anna verurteilt. Alles unschön, alles extrem peinlich – und (mal wieder) ein gefundenes Fressen für den Boulevard. Doch das alles ist nur belangloses Vorgeplänkel im Vergleich zu dem, was sich über dem dreifachen Wimbledon-Champion und Tennis-Rentner in München zusammenbraut und ihn im Jahr 2002 fast ins Gefängnis bringt – beziehungsweise hätte bringen müssen.

Ein gutes Jahr nach der Scheidungsvereinbarung, im Oktober 2002, geht es für Boris vor dem Landgericht München I wirklich ums Eingemachte. Dort lautet die Anklage gegen ihn: Steuerhinterziehung. Am 24. Oktober beginnt der Prozess im Saal A101. Die Vorwürfe der Staatsanwaltschaft sind gravierend: Becker habe 1984 Deutschland Richtung Steuerparadies Monaco verlassen, sei aber in bestimmten Jahren so oft in Deutschland gewesen, dass er hier weiter steuerpflichtig gewesen sei. Konkret geht es um die Jahre 1991 bis 1993.

Becker versucht, die Öffentlichkeit kurz vor dem Prozessbeginn auf seine Seite zu ziehen. Dazu nutzt er die TV-Talkshow von Reinhold Beckmann in der ARD. Immer wenn er der Öffentlichkeit zu dieser Zeit etwas direkt mitteilen möchte, nimmt er gegenüber von Beckmann in dessen Sendung Platz. Der große Vorteil: Allzu kritische Fragen sind von seinem Freund und Beichtvater Reinhold nicht zu erwarten. So auch diesmal. Becker zeigt sich bestürzt von den Vorwürfen gegen ihn und hadert mit der Beziehung der deutschen Öffentlichkeit ihm gegenüber. „Ich bin Patriot. Ich liebe dieses Land. Ich bin freiwillig zurückgekehrt. Ich war im Ausland zehn Jahre und bin dann 1994 freiwillig nach München, weil ich da gerne wohne. Nur man macht es mir schwer, man gibt mir einfach keine Chance."

Wie kalkuliert dieser Auftritt ist, merkt man daran, dass Becker von „1994" spricht. In diesem Jahr sei er nach Deutschland zurückgekehrt. Genau das sieht die Staatsanwaltschaft allerdings anders. Schon von 1991 bis 1993 habe er de facto in Deutschland (München) die meiste Zeit des Jahres verbracht, aber Steuern dennoch lieber weiter im Fürstentum Monaco entrichtet. Damit habe er den deutschen Fiskus um 3,4 Mio. D-Mark gebracht. In der Anklageschrift heißt es: „Der Angeklagte hat seinen Wohnsitz in das steuerbegünstigte Ausland verlegt, um der unbeschränkten Steuerpflicht und damit der Belastung seines Welteinkommens mit den hohen deutschen Steuersätzen zu entgehen."

Ins Rollen bringt die Ermittlungen ein Immobilienkauf aus dem Jahr 1990. 1990 erwirbt Becker in München eine Wohnung in der Gaußstraße 4 im edlen Stadtteil Bogenhausen. Zum Feinkosthändler Käfer sind es hier Luftlinie nicht einmal 1.000 Meter. Die Wohnung in der Gaußstraße verfügt über 114 Quadratmeter im zweiten Stock, 89 Quadratmeter noch obendrauf im Dachgeschoss. Offiziell wohnt hier Beckers Schwester Sabine.

Becker gibt in diesen Jahren eine Steuererklärung für einen „im Ausland lebenden und deshalb erweitert beschränkt steuerpflichtigen deutschen Staatsbürger" ab. Diese Steuererklärung fällt allerdings sehr mickrig aus. Ein Münchner Steuerfahnder stutzt, als Beckers Steuererklärung auf seinem Schreibtisch landet. Der Staatsdiener recherchiert – und kommt zu dem Ergebnis: Zwischen September und Dezember 1991 soll sich Becker 59 Tage in München aufgehalten haben, aber nur 18 Tage in Monte Carlo; 1992 habe das Verhältnis 80 zu 43 betragen und im folgenden Jahr 95 zu 54.

Es gibt aber noch andere Belege, die die Ermittler zusammentragen und die beweisen sollen, dass nicht Schwester Sabine in der Gaußstraße 4 gewohnt hat, sondern ihr weltberühmter Bruder. Noch bevor es zum Kaufvertrag kommt, gibt es einen Briefwechsel zwischen Vater Karl-Heinz Becker und der Maklerin. In diesem Brief schreibt die Maklerin an Karl-Heinz Becker von „einer passenden Wohnung für Ihren Sohn". Auch gegenüber einem Heizungsinstallateur und Nachbarn habe Vater Becker immer ausschließlich von einer Wohnung für Sohn Boris gesprochen.

Die Becker-Anwälte halten dagegen: Ihr Mandant sei in den betroffenen Jahren nur nach München gekommen, weil dort sein Trainer, sein Anwalt und sein Arzt gewohnt hätten. Von einem Wohnsitz könne keine Rede sein.

Am 24. Oktober 2002 soll nun vor Gericht erklärt werden, wer im Recht ist beziehungsweise wer Recht bekommt.

Becker nutzt den ersten Verhandlungstag zur Selbstinszenierung. Einige Minuten vor seinen Anwälten betritt er den Gerichtssaal. Er posiert für die zahlreichen Kameras. Als Übernachtungs-Adresse in München gibt er die „Bel Air-Suite" im Luxushotel München Palace an. Auf die Frage der Richterin Huberta Knöringer, welchem Beruf er nachgeht, antwortet er: „Tennismanager und Werbe- und Sympathieträger".

In seiner Aussage räumt Becker durchaus Fehler ein. Er habe Warnungen in den Wind geschlagen und es bei der Wohnung drauf ankommen lassen. „Das war falsch", so Becker vor Gericht. Er fügt hinzu: „Ich stehe zu meinem Fehler, den ich vor über zehn Jahren begangen habe, und weiß, dass ich dafür büßen muss." Hier signalisiert ein Angeklagter dem Gericht, dass er Reue und Verantwortungsbewusstsein empfindet. Ein Schuldeingeständnis mit der Hoffnung auf ein milderes Urteil.

Der Staatsanwalt fordert in seinem Strafantrag dreieinhalb Jahre Gefängnis. Die Becker-Seite plädiert für eine Bewährungsstrafe. All das passiert an einem einzigen Verhandlungstag. Schon am nächsten Tag, dem 25. Oktober 2002, verkündet Richterin Knöringer das Urteil: Zweieinhalb Jahre Haft auf Bewährung sowie eine Geldstrafe von 300.000 Euro. Zudem muss Becker 200.000 Euro Geldbuße als Bewährungsauflage an verschiedene karitative Einrichtungen zahlen.

Das Gericht sieht in vier Fällen eine vollendete sowie in zwei Fällen versuchte Steuerhinterziehung als erwiesen an. Beckers Einlassung wertet die Kammer als Geständnis, das sich strafmildernd auswirkt. Genauso wie die Tatsache, dass Becker dem Fiskus vor Prozessbeginn rund 3,1 Mio. Euro Steuernachzahlung für die Jahre 1991 bis 1995 überwiesen hat. Auch dass die Vorgänge sehr lange zurückliegen, wirkt sich strafmildernd aus. Bei einem zeitnäheren Verfahren wäre eine Haftstrafe ohne Bewährung unvermeidbar gewesen, betont Huberta Knöringer in ihrer mündlichen Urteilsbegründung.

Überrascht ist die Seite Beckers von dem Urteil nicht. Beim Verlassen des Gerichtssaals wird den Medienvertretern prompt eine Presseerklärung in die Hand gedrückt, in der Becker zitiert wird: „Ich bin sehr erleichtert, dass die Strafe auf Bewährung ausgesetzt ist. Es wäre für mich gar nicht auszumalen gewesen, hätte ich ins Gefängnis gemusst. Ich bin überglücklich."

Gute Freunde – schlechte Freunde

Einen Tag später taucht der Verurteilte dann zu später Stunde schon wieder im Fernsehen auf. Natürlich abermals bei Reinhold Beckmann in der ARD. Boris kann erneut ohne kritische Gegenfragen seine Sicht der Dinge präsentieren. Von aufrichtiger Reue und Schuldbewusstsein ist bei Kumpel Beckmann aber nicht mehr viel zu spüren: „Ich fühle mich von Neidern umstellt und verfolgt. Wenn ich einen Fehler gemacht habe, dann, weil ich Patriot bin. Ich liebe dieses Land." Über seine millionenschweren Verluste durch das Steuerstrafverfahren sagt er: „Ich habe ein paar Mark weniger. Aber es geht mir immer noch gut."

Finanziell geht es ihm aber nicht mehr richtig gut. Scheidung, Unterhalt für seine drei Kinder (inklusive Anna), Prozesskosten, Steuernachzahlungen, Strafen – all das lässt das Bankkonto des dreifachen Wimbledon-Siegers erheblich schrumpfen. Die so genannte hohe Kante wird immer flacher.

Dass es nach dem Steuerprozess in München nicht schon zum finanziellen Kollaps im Leben von Boris Becker kommt, ist maßgeblich einem Mann zu verdanken: Hans-Dieter Cleven. Er ist zu dieser Zeit einer der engsten Geschäftspartner Beckers und leiht Boris Geld, damit dieser die hohen finanziellen Forderungen gegen ihn begleichen kann. Wer ist dieser Mann? Hans-Dieter Cleven hat ein wichtiges Kapitel deutscher Wirtschaftsgeschichte mitgeschrieben. Als rechte Hand von Otto Beisheim hat der Mann aus Essen die Handelskette Metro zu einem internationalen Big Player gemanagt und dabei unter anderem die Integration von Media Markt, Saturn und Real in den Konzern vorangetrieben. Bis 2003 sitzt Cleven im Metro-Aufsichtsrat und verwaltet später das private Milliarden-Vermögen von Otto Beisheim.

Als er sich mehr und mehr von Metro zurückzieht, setzt er auf eigene Investments. Ab 1999 berät er Boris Becker, ungefähr zeitgleich zu dessen Karriereende. Schon 1992 hat Cleven den Sportartikelhersteller Völkl übernommen. Sport ist für Cleven nicht fremd. Er spielt in seiner Jugend leidenschaftlich Fußball und auch durchaus erfolgreich, alles im Amateurfußball des Ruhrgebiets. Später wechselt er zum Tennis. Cleven ist an der Marketingagentur „4Sports“ in der Schweiz beteiligt, die hauptsächlich Golfer und Tennisspieler berät.

1999 steigt Becker mit bei Völkl ein. Das Duo Becker-Cleven hat große Pläne mit der Marke. Man will Völkl, das mit seinem Ski-Angebot schon gut im Markt vertreten ist, auch im Tennis positionieren. Nach dem Vorbild der österreichischen Konkurrenzmarke „Head“, die sowohl im Tennis als auch im Skisport global vorne mitmischt.

Für Völkl wird ein neues Logo entworfen, das die Silhouette eines Aufschlags von Boris Becker darstellt. Gemeinsam gründen Cleven und Becker die Untermarke „Völkl Tennis“. Mit 50 Prozent Anteilen bei Cleven und 50 Prozent bei Boris. Boris spielt bei den wenigen Show-Matches, die er – körperlich angeschlagen – nach der Karriere noch bestreiten kann, mit einem Völkl-Racket und beschränkt sich ansonsten auf repräsentative Aufgaben. Das operative Geschäft liegt bei Cleven, der jedoch schnell feststellt, dass der Glanz, den Boris einer neuen, unbekannten Marke verleihen kann, immer blasser wird. Steuerschulden, Besenkammer, Samenraub, Vaterschaftsklage. Alles keine Themen, mit denen man im Briefkopf wirbt, um auf ein zukunftsträchtiges Geschäftsmodell hinzuweisen.

Am Anfang fahren die Geschäftspartner noch Gewinne ein. Doch das Duo Becker-Cleven gerät ins Trudeln. „Völkl Tennis" zündet nicht. Dennoch springt Cleven beim Steuerprozess in München für Becker ein. Cleven rechtfertigt seine Hilfe, dass sie Geschäftspartner gewesen sind und er die Marke seines Geschäftspartners nicht zusätzlich belasten will. Womöglich gar mit einer Gefängnisstrafe. Das wäre aus Clevens Sicht das sichere Ende für „Völkl Tennis" und die ambitionierten Pläne des Duos.

Allerdings liegt von Anfang an ein großes Missverständnis in der Beziehung zwischen Boris und Hans-Dieter Cleven vor. Boris sieht die Beziehung zweier Männer viel emotionaler, sieht die Hilfe Clevens nicht als geschäftliche Notwendigkeit, sondern vielmehr als einen Freundschaftsdienst.

Cleven dagegen ist in erster Linie aber ein Geschäftsmann. Er verschenkt kein Geld. Auch einem Boris Becker nicht. Er leiht es ihm und will es irgendwann wieder. Und je mehr das Verhältnis über die Jahre belastet wird, desto vehementer pocht Cleven auf sein Geld. Aus vermeintlicher Freundschaft wird eine juristische Angelegenheit. Cleven vergisst nicht. Und je größer die Summe und weniger rentabel ihre Geschäftsbeziehung wird, desto besser funktioniert das Gedächtnis von Hans-Dieter Cleven.

Boris versucht Cleven stets mit vermeintlichen Sicherheiten zu beruhigen, die er für ihn habe und die er sofort für seinen Gläubiger liquidieren könne. Wie das Haus seiner Mutter Elvira in Leimen. Weil die beiden aber immer noch Geschäftspartner sind, verzichtet Cleven zum Beispiel darauf, eine Hypothek auf das Haus in Leimen eintragen zu lassen. Als das Haus von Boris aber verkauft wird, dämmert Cleven mehr und mehr: Das wird eng mit der Rückzahlung.

Im Jahr 2006 ist das Darlehen von Cleven für Becker auf 15 Mio. Euro angewachsen. Wieder versucht Becker alles herunterzuspielen. Als Sicherheit soll diesmal seine Finca auf Mallorca herhalten.

Die Finca auf Mallorca. Sie spielt im Leben von Boris Becker und vor allem bei seinem Scheitern als Geschäftsmann eine zentrale Rolle.

Mallorquinisches Kartenhaus

Noch als aktiver Tennisspieler kauft er 1997 das 245.000 Quadratmeter große Areal im Nordosten der Baleareninsel. Ein gigantisches Anwesen, ungefähr 15 Kilometer vom Pauschaltouristen-Hotspot Cala Ratjada gelegen. Nach einer über einstündigen Autofahrt von Palma landet man mitten in einer Einöde aus kargem mallorquinischen Hinterland. Die Finca trägt den Namen „Son Coll" und liegt wirklich irgendwo im Nirgendwo der Insel. Nicht einmal mit Meerblick kann sie aufwarten. Wobei, so ganz stimmt das nicht. Klettert man auf das Dach des Haupthauses und stellt sich auf die Zehenspitzen, kann man etwas Blaues am Horizont erkennen. Das könnte das Meer sein.

Becker will aus dem wenig schmucken Grundstück eine Finca im orientalischen Stil machen. Sein Plan: „Son Coll" soll das Zentrum seines Patchwork-Lebens werden. Der neue Familiensitz der Beckers. Für ihn und seine Söhne Noah und Elias mit Ex-Frau Barbara, die ihren Lebensmittelpunkt nach der Scheidung weiter in Miami hat. Aber auch genauso ein Anlaufpunkt für ihn und seine Tochter Anna. Dafür reichen allerdings nicht zwei, drei Pinselstriche. Die Finca muss grundlegend renoviert werden. Es bleibt kein Stein auf dem anderen. Das Areal setzt sich aus ursprünglich vier Parzellen zusammen. Auf jedem Teilstück hätte Becker ein Haus mit 500 Quadratmetern Wohnfläche bauen können. Becker will aber nur ein Haus, das dafür allerdings mit knapp 1.000 Quadratmetern. Leider fällt dieses Vorhaben in eine neue Zeitrechnung Mallorcas. Jahrelang ist es völlig normal, dass Immobilien einfach mal gebaut oder renoviert und nach und nach die Genehmigungen dafür eingeholt werden. Wenn überhaupt. Oft werden die fehlenden Genehmigungen einfach ausgesessen, und nach zehn bis 15 Jahren wird die Immobilie über die Verjährung legalisiert.

Anfang der 2000er will allerdings besonders der Inselrat Mallorcas härter durchgreifen. Da hilft es auch nicht, dass die für Becker zuständige Gemeinde Artá Beckers umfangreiche Pläne genehmigt hat. Der Inselrat kann die Gemeinde noch überstimmen. Es kommt zu unzähligen Ortsterminen. Letztlich bleibt die Regierung unnachgiebig. Boris muss abreißen. Neu bauen. Strafen zahlen.

Aller Widrigkeiten zum Trotz: 2006 ist es so weit. Im August steigt eine pompöse Einweihungsparty mit 120 VIP-Gästen. Manch ein Gast wundert sich jedoch. Die Veranstaltung wirkt eher wie eine luxuriöse Verkaufsveranstaltung als eine Einzugsparty – ein „Open House“ sagt man in den USA. Boris will die Immobilie aber nicht nur seinen Gästen zeigen, beziehungsweise anbieten. Er lädt auch das Hochglanzmagazin „Bunte“ für exklusive Fotos ein. Medienprofi Boris weiß, dass er etwas bieten muss, damit auch viele opulente Bilder in dem Magazin gedruckt werden. Und Boris liefert. Zum ersten Mal posieren alle Becker-Kinder mit Papa Boris auf einem Bild. Dafür hat er extra Anna Ermakova aus London einfliegen lassen. Eine Woche später finden sich in „Bunte“ mehrere Doppelseiten der Finca – eingebettet in Patchwork-Glück.

Wenig überraschend taucht die umgebaute „Son Coll“-Finca kurz danach im Verkaufskatalog des schillernden Mallorca-Maklers Matthias Kühn auf. In der Kategorie „Premium Selection". „Luxus auf höchstem Niveau" – so preist Kühn sein Angebot an. Auch reichlich Sportmöglichkeiten werden vorgestellt: unter anderem ein Pool mit olympischen Ausmaßen sowie ein Tennis-Court und ein Basketballplatz. Verkaufspreis: 15 Mio. Euro. Die Hoffnung, dass mit dem Namen Boris Becker und der „Immobilienanzeige" in „Bunte" die Interessenten Schlange stehen, erfüllt sich allerdings nicht. Für den stolzen Preis findet sich kein Käufer. Die Finca steht und steht. Und gammelt vor sich hin. Das aggressive Klima der Insel tut sein Übriges. Aus dem Neuzustand wird schnell wieder renovierungsbedürftig – und schon bald sogar wieder baufällig. Makler Kühn befürchtet, dass er „Son Coll" in diesem Zustand niemandem mehr zeigen kann und er erst recht keine ernsthaften Interessenten findet. Kühn beauftragt zunächst einmal eine Gartenfirma für die riesigen Außenanlage.

Wer für die Kosten der Firma aufkommt? Darüber kommt es zwischen Matthias Kühn und Boris Becker zum heftigen Streit. Becker will die 300.000 Euro an die Gartenbaufirma erst zahlen, wenn die Finca verkauft ist. Forderungen gegen ihn will Becker mit Einnahmen begleichen, die er noch gar nicht hat und bei denen noch nicht einmal feststeht, ob sie irgendwann eintreffen.

Es entwickelt sich ein gefährliches Schneeballsystem rund um die aufwendig renovierte Immobilie. Gerichtstermine, Zwangsversteigerungstermine, kurzfristige Bürgschaften, die die Zwangsversteigerung stoppen. Neue Zwangsversteigerungstermine, neue Forderungen für die Instandhaltung. Es türmen sich Kosten auf, für die niemand aufkommen will.

Und ein Problem bleibt: Es findet sich kein Käufer für „Son Coll". Auf Mallorca erzählt man sich unter Maklern die Geschichte, dass ein sehr liquider russischer Geschäftsmann (und glühender Boris-Becker-Fan) die Finca kaufen wollte.

Seine einzige Bedingung sei jedoch gewesen, dass Boris bei Vertragsunterschrift auf der Baleareninsel persönlich dabei ist und man gemeinsam auf das Geschäft anstößt. Makler und Interessent seien dann auch am vereinbarten Tag der Unterschriften auf der Insel gewesen. Am Flughafen hätten sie allerdings vergeblich auf den Immobilien-Veräußerer gewartet. Becker habe den Tag lieber in Berlin verbracht und den Makler angewiesen, dass Geschäft allein über die Bühne zu bringen. Das wiederum habe der russische Geschäftsmann als einen Affront empfunden und den Deal vor Ort platzen lassen. Der Makler musste den Champagner wieder einpacken.

Die Finca im Norden der Insel jedenfalls findet wieder keinen neuen Besitzer und gammelt weiter vor sich hin.

Dic Immer-mal-wieder-in-Schuss-bringen-Aktionen werden allerdings allmählich zum Problem. Sie werden nämlich immer kostspieliger, sind aber notwendig, um „Son Coll“ noch guten Gewissens anbieten zu können. Regelmäßig tauchen Artikel und Bilder auf, die den traurigen Zustand von „Son Coll“ zeigen. Zudem inszenieren sich Hausbesetzer auf dem riesigen Anwesen. Es muss etwas passieren.

Becker benötigt aber einen Kredit, um die Firmen, die in, an und um die Finca herum arbeiten, bezahlen zu können. Besonders die Gartenbaufirma pocht weiter auf ihr Geld und verklagt den Deutschen auf die Begleichung seiner Rechnung, was die Kosten abermals in die Höhe treibt. Für die Firma ist das Ausbleiben des Geldes für ihre geleistete Arbeit existenzbedrohend.

Ein gewisser John Caudwell leiht Boris schließlich 1,2 Mio. Pfund. Bei John Caudwell handelt es sich um einen britischen Geschäftsmann, der in der Mobilfunkbranche reich geworden ist und dessen Vermögen auf mehrere Milliarden Pfund geschätzt wird.

Aber – da tickt John Caudwell sehr ähnlich wie Hans-Dieter Cleven: Der Brite sieht sich nicht als Wohltäter, sondern als Geschäftsmann. Er strebt stets den maximalen eigenen Profit an. Deshalb hat es Caudwells Vorschuss für Boris in sich: Für einen Zinssatz von 25 Prozent leiht er Becker das Geld. Aber Boris braucht das Geld, keine andere Bank ist noch bereit, ihm Geld zu geben. Caudwell scheint seine letzte Hoffnung.

Der englische Geschäftsmann lässt sich ins Grundbuch mit einer Hypothek eintragen. Später verkauft Caudwell die Hypothek an die Bank weiter, bei der sich Becker den ursprünglichen Kredit besorgt hat. Diese Bank kennt kein Pardon und fordert die Zahlungsrückstände von Boris ein. Immer wieder. Als nichts passiert, zieht die Bank in London vors Insolvenzgericht.

2017 stellt die Bank den Antrag auf Eröffnung eines Insolvenzverfahrens, weil Becker seit mehreren Jahren „erhebliche Schulden" habe und diese nicht zurückzahle. Das Gericht gibt dem Antrag statt. Am 21. Juni 2017 wird Boris Becker von einem Londoner Gericht für zahlungsunfähig erklärt. Das mallorquinische Kartenhaus hat die Insolvenz letztlich verursacht. In London baut sich nun ein neues Kartenhaus auf. Das Kartenhaus der besorgten Gläubiger.

Boris hat über Jahre an vielen Stellen Schulden hinterlassen. Mit der Insolvenznachricht aus London läuten bei diesen Personen die Alarmglocken. Sie befürchten nun, dass Boris seine Rückstände nicht mehr begleichen wird oder auch nur könnte. Ihre Strategie: Sie lassen sich vorsorglich erst einmal auf die Gläubigerliste des Insolvenzverfahrens setzen, damit wenigstens ein offizieller Titel gegen Boris Becker existiert und sie juristisch etwas in der Hand haben. So melden sich zahlreiche Menschen in London, die noch auf Geld von Boris warten. Auch ein alter Bekannter ist dabei: Hans-Dieter Cleven.

In Deutschland hätte keiner der Gläubiger eine Chance auf ein Insolvenzverfahren gegen Boris Becker gehabt. Becker ist nur noch in London gemeldet. Es können daher Ansprüche gegen ihn auch nur in England geltend gemacht werden. Nach einigem juristischen Vorgeplänkel in der Schweiz und England erkennt das Londoner Gericht die Summe von 37 Mio. Euro an, die Boris Cleven schuldet. Damit landet sein ehemaliger Geschäftspartner ganz oben auf der Gläubigerliste.

Von der Fliegenklatsche zur Wiederauferstehung

Auch privat läuft es nach dem Karriereende weiter unglücklich. Schon weit vor dem finanziellen Kollaps.

Nach der Scheidung von Barbara führt Becker immer wieder Beziehungen zu Frauen, die zum großen Teil auch in der Öffentlichkeit stattfinden. Unmittelbar nach der vollzogenen Scheidung zeigt sich die Frankfurter Rapperin Sabrina Setlur 2001 an der Seite Beckers. 1997 erreicht Setlur mit ihrem Hit „Du liebst mich nicht" als erste Rapperin in Deutschland Platz eins der Singlecharts, und ihr dazugehöriges Album „Die neue S-Klasse" verkauft sich über 300.000-mal. Im gleichen Jahr geht Setlur, die mit dem Künstlernamen „Schwester S" ihre Karriere startet, als Support-Act von Michael Jackson auf Tour und tritt bei „Rock am Ring" auf. Ihre Liaison mit der deutschen Tennislegende Boris Becker wird entsprechend begeistert von den Boulevard-Medien verfolgt. Doch es ist nur ein kurzes Glück. Nach nur drei Monaten trennt sich das Paar schon wieder. Daraufhin tauchen immer wieder neue Frauen als Freundinnen von Boris Becker auf. Wie das Model Heydi Núñez Gómez, die Foto-Künstlerin Patrice Farameh oder die US-amerikanische Balletttänzerin Caroline Rocher. Neben ihrer Optik haben die Frauen noch eine Sache gemeinsam: Ihre Zeit an der Seite von

Boris Becker ist kurz. Die Gründe dafür sind aber doch recht unterschiedlich. Mal beschwert sich Boris, dass die Frau an seiner Seite kein Verständnis für sein Patchwork-Leben hat, mal ist es die wenige gemeinsame Zeit, mal die permanente öffentliche Beobachtung.

2005 lernt Becker in Miami das niederländische Model Sharlely Kerssenberg kennen. Mit ihr scheint es etwas ernsthafter zu sein, bis es im Mai überraschend zur Trennung kommt und Becker kurz darauf seine neue Freundin präsentiert: Sandy Meyer-Wölden, die Tochter seines 1997 verstorbenen Managers Axel Meyer-Wölden. Ähnlich wie die Beziehung zu Sabrina Setlur elektrisiert auch die Beziehung zu Meyer-Wölden die Medien – vor allem die mit großem Boulevard-Anteil. Das neue Traumpaar spielt allzu gerne mit. Im August vermelden sie ihre Verlobung. Boris habe auf der italienischen Insel Sardinien bei einem Essen im kleinen Kreis den Verlobungsring hervorgeholt und damit auch sie überrascht. Selbstverständlich habe sie „Ja" gesagt.

Nach nur drei Monaten Beziehung (inklusive Verlobung) ist aber in dieser Beziehung alles aus. Boris führt in der „Bild"-Zeitung den großen Altersunterschied als Trennungsgrund ihrer 83-Tage-Beziehung an. Meyer-Wölden wählt die „Bunte" als ihr öffentliches Sprachohr und erzählt dem Promi-Magazin, dass sie von der Trennung völlig überrascht und am Boden zerstört sei. Zudem bestätigt sie Gerüchte, dass Boris die Trennung per SMS vollzogen habe.

Die einschlägigen Medien hingegen spekulieren, dass Sharlely Kerssenberg eine große Rolle bei der Trennung zwischen Becker und Meyer-Wölden gespielt habe. Dass Boris nur wenige Tage nach seiner Verlobungsauflösung auch wieder mit Sharlely Kerssenberg zusammenkommt, scheint diese Version zu bestätigen. Noch im selben Jahr folgt der zweite Heiratsantrag von Boris Becker, diesmal allerdings an eine andere Frau gerichtet. Sharlely Kessenberg, die Boris und die Öffentlichkeit alsbald nur noch Lilly nennen, sagt genauso wie wenige Monate zuvor Sandy Meyer-Wölden „Ja".

Boris und Lilly heiraten am 12. Juni 2009 im Nobel-Skiort St. Moritz in der Schweiz. Zu diesem Zeitpunkt leben sie auch noch in der Schweiz, ziehen aber kurz darauf nach London in den Stadtteil, in dem die sportliche Karriere Beckers gezündet hat, nach Wimbledon. Im Februar 2010 wird ihr gemeinsamer Sohn Amadeus geboren.

Auch wenn sich der sportliche Erfolg in seiner Adresse ablesen lässt, sportliche Schlagzeilen macht der Deutsche kaum noch. Ist man Becker positiv gesonnen, könnte man seine zahlreichen Ausflüge zum Poker in der Rubrik Sport laufen lassen. Becker sitzt bei zahlreichen Pokerturnieren – bevorzugt in Osteuropa – am Tisch und hält sein Gesicht als Werbeträger für die Online-Plattform „Pokerstars" in die Kameras.

Im Herbst 2013 bringt Boris Becker dann ein neues Buch auf den Markt. Gemeinsam mit dem in vielen Rosenkriegen gestählten Promi-Reporter Christian Schommers erzählt er in „Das Leben ist kein Spiel" vor allem Details aus seinem Privatleben, mit Fokus auf seine früheren Partnerinnen. Gleich das erste Kapitel des Werks ist seiner Ex-Frau Barbara gewidmet und trägt die Überschrift „Plötzlich Prinzessin".

Darin beschreibt Becker Barbara als eine Frau, die dem Luxus sehr zugewandt ist und die den Status als „Frau Becker" extrem genossen hat. Zudem sei das heile Patchwork-Bild nur eine Fassade für die Öffentlichkeit gewesen, und hinter den Kulissen habe es heftige Auseinandersetzungen um Geld sowie die gemeinsamen Kinder gegeben. Becker teilt teilweise heftig aus. Er schreibt, dass die Heirat mit ihm für Barbara eine „Pretty-Woman-Story" gewesen sei. Wohlwissend, dass Hollywood-Schauspielerin Julia Roberts in dem Film eine Frau verkörpert, die als Prostituierte zunächst einen geschäftlichen Deal mit einem sehr reichen Geschäftsmann eingeht und am Ende des Films mit ihm, gespielt von Richard Gere, über das Geschäftliche hinaus zusammenkommt. Einen Zusammenhang zu diesem Plot zu Barbara herzustellen, empfinden viele, vor allem Frauen, als einen Affront. Barbara reagiert allerdings cool und sagt in einem „Bunte"-Interview, dass sie das Buch nicht gelesen habe und auch nicht vorhat, es zu lesen. Stattdessen freue sie sich auf das gemeinsame Weihnachtsfest mit den Kindern in Miami. Einzige Bedingung: Boris dürfe unter dem Weihnachtsbaum nicht aus seinem Buch vorlesen.

Bis es allerdings zum Patchwork-Weihnachtsfest in Florida kommt, passiert noch einiges. Der Höhepunkt der Boulevardisierung des Boris Becker im Herbst/Winter 2013 ist mit „Das Leben ist kein Spiel" noch nicht erreicht. Der findet am 25. Oktober 2013 vor einem Millionenpublikum statt.

Mit Lilly nimmt Becker an der Oliver-Pocher-Show „Alle auf den Kleinen" beim TV-Sender RTL teil. Nach einigen öffentlichen Scharmützeln mit Pocher soll die Show den „Beef" zwischen Becker und dem Comedian, die mit Sandy Meyer-Wölden auch eine gemeinsame Ex-Partnerin haben, auf dem Gameshow-Parkett und vor Millionen von TV-Zuschauern klären.

In kurzer Hose und unrasiert absolviert Boris allerhand dämliche Spielchen. Angeblich hat der Kölner Privatsender für die öffentliche Selbstdemontage 250.000 Euro an Boris gezahlt. Wie viel Geld ist die eigene Würde wert? Diese Frage wird bei der Show auf eine harte Probe gestellt. Für eines der Kindergeburtstags-Abenteuer bindet Boris sich ein zur Schleife geformtes Handtuch um den Kopf und jeweils eine rosa Fliegenklatsche an die linke und rechte Seite daneben. Nun muss er versuchen, mit diesem Konstrukt und ohne Einsatz der Hände einen kleinen schwarzen Ball in ein Tor zu bugsieren und das eigene Tor gleichzeitig beschützen.

Das Bild mit dem Fliegenklatschen-Hut geht um die Welt. Ist das wirklich der Mann, der in seiner Wirkkraft mit Sportlern wie Muhammed Ali, Michael Jordan oder Franz Beckenbauer verglichen wurde? Keine dieser Sportikonen kann man sich mit einer solchen Fliegenklatsche auf dem Kopf vorstellen. Boris Becker muss man sich gar nicht in einer solch peinlichen Situation vorstellen, man muss einfach nur hinsehen. Es sind Bilder, die für jeden Boris-Becker-Fan nur schwer zu ertragen sind.

Auch körperlich wirkt der dreifache Wimbledon-Champion nicht wie ein ehemaliger Spitzenathlet. Mit seiner künstlichen Hüfte hält er sich nur mühsam auf den Beinen. Er scheint froh über jeden Meter, den er nicht gehen muss.

Nur einige Wochen später muss Boris Becker seine Hüften wieder vor einer TV-Kamera bewegen. Am 14. Dezember 2013 reist Boris mit Lilly nach Augsburg. Das Paar ist zu Gast in der Weihnachtsausgabe von „Wetten, dass…?“. Es ist die unglückliche Ära von Markus Lanz bei der ZDF-Show. Das Ehepaar Becker ist von der Redaktion als ein Höhepunkt der Samstagabend-Sendung eingeplant und angekündigt. Erst im letzten Drittel der Show werden Boris und Lilly von Markus Lanz gemeinsam mit seiner Co-Moderatorin Michelle Hunziker auf das berühmteste Sofa der deutschen TV-Geschichte geführt. Von der ersten Minute an knistert es. Boris hat via Twitter vor der Sendung von großen Veränderungen gesprochen, die er in der Samstagabend-Show preisgeben wolle. Wie Becker zu jener Zeit allgemein wahrgenommen wird, zeigt, dass sich die

Öffentlichkeit sicher ist: Es kann sich bei der Nachricht nur um eine erneute Schwangerschaft seiner Frau handeln. An eine sportliche Nachricht, die auch noch mit seiner großen Liebe, dem Tennis, zusammenhängen könnte, denkt so gut wie niemand.

Markus Lanz kommt direkt zur Sache: „Boris, bevor wir ins Gespräch kommen, alle sind furchtbar aufgeregt, weil du auf Twitter angekündigt hast, dass du heute Abend in der Sendung etwas verkünden möchtest. Was ist es?"

Doch Becker macht einen Rückzieher: „Da muss ich leider alle enttäuschen. Meine Twitter-Hand geht manchmal mit mir durch. Ich habe sie nicht immer unter Kontrolle. Ich komme damit in die Bredouille. Es gibt eine berufliche Veränderung, aber die werde ich erst nächstes Jahr bekanntgeben."

Keine Schwangerschaft. Keine Scheidung. Kein neuer Skandal. Die VIP-Reporter in der Halle und vor dem Fernsehen haben vergeblich auf eine Schlagzeile für den morgigen Sonntag gehofft. Doch die Schlagzeile kommt noch. Allerdings nicht für die Klatschspalten, sondern für den Sportteil.

Am 17. Dezember 2013 läuft die Nachricht über die News-Ticker: Boris Becker wird neuer Trainer von Novak Djokovic. Die Tenniswelt schüttelt den Kopf. Was will Weltsportler Djokovic mit Fliegenklatschen-Boris als Coach? Ihre Zusammenarbeit ist mehr als eine faustdicke Überraschung. Es ist eine Sensation. Der serbische Tennis-Superstar, der zu diesem Zeitpunkt bereits dreimal in Folge die Australian Open in Melbourne gewonnen hat, rangiert auf Platz zwei der Weltrangliste. Er liefert sich mit Rafael Nadal und Roger Federer einen spektakulären Kampf um die Vorherrschaft im Männertennis. Mit dem Blick von außen hat man nicht den Eindruck, dass er in einer Krise steckt und sein Trainierteam umstrukturieren muss.

Novak Djokovic sieht das anders. Er will Boris Becker. Und Boris Becker will zu Djokovic.

Diese sportliche Sensation will Boris eigentlich auch auf dem Sofa bei Markus Lanz und Michelle Hunziker verkünden. Der damalige Manager von Novak Djokovic, Edoardo Artaldi, erfährt allerdings von den Becker-Plänen, und ist not amused. Artaldi tobt. Die neue Personalpolitik seines Schützlings als Klamauk-News im deutschen Fernsehen. Das Veto von Artaldi ist scharf und unmissverständlich. Das PR-Team des serbischen Superstars besteht auf einer ordentlichen Presseerklärung. So passiert es dann auch an jenem 17. Dezember 2013.

Sachlich und wohlformuliert kommen alle Beteiligten darin zu Wort: „Ich freue mich sehr über die Gelegenheit, mit Boris zu arbeiten. Er ist eine wahre Legende, jemand mit viel Tenniswissen. Mit seiner Erfahrung wird er mir helfen, neue Trophäen bei den Grand Slams und anderen Turnieren zu gewinnen", lautet das offizielle Statement des Serben. „Ich bin stolz, dass Novak mich gefragt hat, sein Coach zu sein", wird Boris Becker zitiert. „Ich werde mein Bestes geben, damit er seine Ziele erreicht. Ich bin sicher, wir können zusammen große Dinge erreichen."

Diese großen „Dinge" werden direkt angegangen. Der Dezember ist für Tennisprofis in der Regel ein turnierfreier Monat. Dafür steht der letzte Monat des Jahres im Zeichen der Vorbereitung auf die neue Saison, besonders auf das erste Grand-Slam-Turnier des Jahres – die Australian Open in Melbourne, die „Down Under" im Januar auf dem Programm stehen. Auf dieses erste große Highlight des Tennisjahres ist die Vorbereitung der Profis ausgelegt. So auch bei Novak Djokovic. Der Serbe wählt dafür seit einiger Zeit das spanische Marbella. Dort besitzt Djokovic ein Haus und trainiert in der Akademie des spanischen Ex-Profis José „Pepe" Imaz Ruiz.

In Marbella lernt Becker das gesamte Team um Novak Djokovic kennen – und umgekehrt. Mit dem Serben kann Becker auch einige Sätze Deutsch sprechen, da Djokovic als Teenager einige Jahre auf der Akademie von Niki Pilić in Oberschleißheim bei München verbracht hat. Noch einfacher funktioniert die Kommunikation mit dem Fitnesstrainer des Serben – dem Österreicher Gebhard Gritsch. Zwischen den beiden stimmt von Anfang an die Chemie. In den ersten Gesprächen erzählt Gritsch dem „Neuen" im Djokovic-Clan, wie der Gedanke entstanden ist, den dreifachen Wimbledon-Sieger trotz seines Rufes in das Team des Serben zu integrieren.

Gritsch berichtet, wie er vor dem Wimbledon-Finale 2013 den Schotten Andy Murray mit dessen Trainer Ivan Lendl in der Umkleide beobachtet habe und begeistert war, wie Lendl, als ehemalige Nummer eins der Welt, seinen Schützling auf das Duell gegen Djokovic eingestellt habe. Andy Murray schlägt darauf im Wimbledon-Finale 2013 Novak Djokovic in drei Sätzen mit 6:4, 7:5, 6:4. Nach der Niederlage bespricht Gritsch die Szenen vor dem Finale zwischen Lendl und Murray mit Djokovic. Beide sind sich schnell einig, dass ein „Super-Coach" an der Seite des gebürtigen Belgrader das entscheidende Puzzlestück sein könnte, um sich im Kampf um den Tennisthron gegen Federer, Nadal und Murray durchzusetzen. So fällt auch der Name Boris Becker für diese Position das erste Mal. Er soll Djokovic in den entscheidenden Momenten fokussieren. Mit seiner Erfahrung aus großen Finals, vor allem in Grand-Slam-Endspielen, den Serben mit der richtigen Einstellung auf den Platz schicken und ihm während des Matches aus der Box heraus Sicherheit geben. Zudem ist Novak Djokovic seit Kindestagen großer Becker-Fan und hängt an seinen Lippen, wenn der Deutsche von seinen epischen Schlachten auf dem Tennisplatz berichtet.

Beckers neuer Boss will von dessen großer Stärke aus seiner aktiven Zeit profitieren. Selbst in aussichtslosten Situationen konnte Becker die Ärmel hochkrempeln und die drohende Niederlage in vielen Fällen noch in einen Sieg umwandeln. Diese Fähigkeit fehlt dem Serben im Jahr 2013 bisweilen noch. Djokovic steigert sich gerne mal in Verletzungen hinein, hadert mit sich und der Welt und gibt schon mal lieber auf, als den Kampf anzunehmen. Beckers mentale Standhaftigkeit will Djokovic aufsaugen. Auch wie man den gestiegenen Erwartungen trotzt. Wenn man wie Becker mit 17 Jahren Wimbledon gewinnt, geht man für den Rest der Karriere als Favorit in die Turniere. Die Messlatte ist gesetzt. Becker ist daran nicht zerbrochen, sondern hat die Erwartungen irgendwann an sich abprallen lassen.

Die Stimmung in Marbella ist vom ersten Tag an bestens. Alle Beteiligten akzeptieren die neue Konstellation. Auch Marian Vajda. Der Slowake ist bis dato der einzige Tennis-Coach an der Seite von Djokovic und bereits seit 2006 Djokovic-Trainer. Mit Becker im Team müssen die Aufgaben neu verteilt werden. Vajda will sich außerdem etwas mehr um seine Tochter kümmern, die gerade vor dem Start ihrer Profikarriere steht. Man einigt sich darauf, dass Becker Djokovic bei den Grand-Slam- und einigen Masters-Turnieren begleitet. Auch gemeinsame Turniere mit Becker und Vajda sind geplant. Vajda bleibt also trotz des neuen Super-Coachs an Bord.

Losgelöst von der klaren Aufgabenverteilung und der guten Stimmung in Marbella verläuft der sportliche Auftakt danach holprig. Das erste Turnier mit Becker (und ohne Vajda) sind direkt die Australian Open 2014. Sie enden mit einer derben Enttäuschung. Titelverteidiger Djokovic, der das Turnier dreimal in Folge gewinnen konnte, verliert bereits im Viertelfinale gegen den Schweizer Stan Wawrinka. Nach großem Kampf unterliegt der neue Becker-Schützling mit 7:9 im fünften Satz – die erste Niederlage für den Serben nach 25 Siegen nacheinander in Melbourne. Der Turniersieg Wawrinkas in Australien wenige Tage später macht die Niederlage für Djokovic etwas erträglicher, dennoch ist der Auftakt mit Boris Becker als Coach erst mal gründlich verpatzt.

Danach sehen sich die beiden erst mal für längere Zeit nicht persönlich. Sie telefonieren, schreiben sich Nachrichten. Beim Masters in Dubai Ende Februar trifft man sich wieder. Hier hat der Serbe – ähnlich wie bei den Australian Open – fast ein Abo auf den Sieg. Nicht in diesem Jahr. Im Halbfinale verliert er im Wüstenstaat gegen Roger Federer 6:3, 3:6, 2:6. Der nächste Rückschlag. Kurz darauf meldet sich die Hüfte Beckers. Er muss in der Schweiz operiert werden. Für die Masters-Turniere in Miami und Indian Wells sagt er Djokovic ab. Hier sollte Becker eigentlich zum ersten Mal gemeinsam mit Marian Vajda den Serben betreuen. Vajda reist alleine mit Djokovic in die USA. Sowohl in Indian Wells als auch in Miami gewinnt Djokovic. Die Geschichte für die Öffentlichkeit liegt auf der Hand: Mit Becker: kein Erfolg. Ohne Becker, dafür mit Vajda: zwei Turniersiege.

Nach der anfänglichen Euphorie in Marbella zeigt sich mehr und mehr, dass sich Coach Boris erst auf die Arbeitsweise der aktuellen Tennisgeneration einstellen muss – und auf die von Novak Djokovic besonders. Hat Becker im Laufe seiner Karriere viele Sachen intuitiv, aus dem Bauch heraus entschieden, überlässt Novak Djokovic nichts dem Zufall. Er ordnet sein gesamtes Leben komplett dem Tennis unter. Über die Jahre hat er beispielsweise einen akribischen Ernährungsplan entwickelt, der ihm zu jedem Zeitpunkt klare Vorgaben macht, was er zu essen und zu trinken hat und was nicht.

Von Boris ist das Zitat aus seiner aktiven Zeit überliefert: „Regeneration? Dafür brauche ich eine Dusche, eine Massage und einen Teller Nudeln." Das funktioniert heute so nicht mehr. Durch Berater wie einen Gebhard Gritsch steigen Champions wie Roger Federer, Rafael Nadal oder eben ein Novak Djokovic unglaublich tief in jedes Detail ein.

Sportwissenschaftler Gebhard Gritsch zieht Djokovic Westen auf dem Trainingsplatz an, mit denen er genau messen kann, wie der Kraftverlauf eines Schlages ist, wie die Kraftübertragung vom Körper in den Schläger und den Ball vonstatten geht. Mit dieser Methode soll auch nur die kleinste uneffektive Bewegung identifiziert und abtrainiert werden. Komplettes Neuland für Becker. Aber er winkt nicht ab, sondern lässt sich darauf ein. Der Neuling ist auch bereit, einen Schritt hinter Djokovic zu treten. Auf dem Trainingsplatz ist er sich nicht zu schade, die Bälle einzusammeln oder die Schläger des Serben beim Bespannungsservice abzuholen. Ein unprätentiöses Auftreten, das nicht viele Experten dem dreifachen Wimbledon-Champion zugetraut haben. Aber das bleiben alles nur Randnotizen, wenn sich nicht der sportliche Erfolg in der Arbeitsbeziehung von Boris Becker und Novak Djokovic einstellt.

In Monte Carlo stößt Becker wieder zum Team. Vajda ist bei seiner Familie in Bratislava und trainiert mit seiner Tochter. Im Fürstentum verliert Djokovic leicht angeschlagen im Halbfinale gegen Roger Federer. Das erste Mal mit Becker und Vajda tritt der Serbe kurz darauf beim Masters in Rom an. Im Finale triumphiert er über Rafael Nadal. Für Becker ein wichtiger Baustein in der Beziehung zwischen ihm und dem Djokovic-Clan: „Das war sehr wichtig für Novaks Psyche. Nun hatte er das Gefühl, mit dem richtigen Team unterwegs zu sein."

Zum endgültigen Erweckungserlebnis zwischen Boris Becker und Novak Djokovic kommt es in Beckers „Wohnzimmer". Wieder wird Wimbledon zum Schicksalsort des Deutschen. Hier bestreitet das Duo Becker-Djokovic sein erstes gemeinsames Finale. Bevor der Serbe 2014 auf den Platz geht, zeigt Boris seinem Schützling aber erst einmal, wie er in London lebt. Sie schauen gemeinsam Spiele der Fußball-WM in Brasilien in seinem Haus. Auch Tennislegende John McEnroe ist zu Gast. Boris öffnet sein Innerstes für Djokovic. Lässt einen Blick in seine Seele zu. „Bobbele" und „Nole" rücken näher zusammen. Nicht nur auf dem Tennisplatz. Mit dem ersten gemeinsamen Grand-Slam-Erfolg als Ergebnis.

Mit 6:7, 6:4, 7:6, 5:7, und 6:4 schnappt sich Djokovic seinen zweiten Wimbledon-Sieg gegen Roger Federer im Finale. Vor zwei Jahren hat er gegen den Schweizer noch im Halbfinale auf dem Center Court verloren. Nun der Triumph im wichtigsten Tennismatch des Jahres. Gegen den Spieler, der auf Gras als bester Spieler aller Zeiten gilt. Genau für solche Momente hat Novak Djokovic Boris Becker vor gut einem halben Jahr verpflichtet. Der riskante Plan, die zur Boulevard-Figur gewordene Tennislegende ins Boot zu holen, zahlt sich aus. Und Wimbledon 2014 ist der Startschuss.

Dunkle Wolken, ein satter „Djoker“ und ein Tennis-Guru

Nach dem Sieg 2014 in Wimbledon gehört Becker endgültig zum „Inner Circle“ von Novak Djokovic. Der nächste Beleg: Boris ist wenige Tage nach dem Wimbledon-Sieg zu Gast auf der Hochzeit von Novak Djokovic und seiner langjährigen Freundin und Jugendliebe Jelena Ristic.

Die Feier findet auf Sveti Stefan statt, einer kleinen Insel an der Adriaküste von Montenegro. In einem Luxus-Resort, das nur durch einen kleinen Weg erreichbar und von hohen Mauern umgeben ist. Auf der Gästeliste steht das gesamte serbische Davis-Cup-Team und auch Boris Becker. Sie alle müssen eine Verschwiegenheitsklausel unterschreiben. Die Gesellschaft feiert drei Tage. Am Donnerstag findet die Trauung statt – mit anschließender Party als Höhepunkt. Für die Flitterwochen haben sich Novak und Jelena für ein nicht allzu weit entferntes Ziel entschieden. Sie verbringen zu zweit ein paar Tage in Griechenland.

Danach geht es für den Djokovic-Clan aber erst einmal zurück an die Arbeit. Was in seinem Fall heißt: zurück auf den Tennisplatz. Und mit Becker als seinem Head Coach eilt er nun von Erfolg zu Erfolg. Besonders die Saison 2015 läuft für das Duo herausragend. Im Kalenderjahr 2015 liegt seine Matchbilanz bei 82 Siegen und gerade einmal sechs Niederlagen. Elf Titel fährt der Becker-Schützling ein. Kein Spieler vor ihm hat jemals so viele Weltranglisten-Punkte in einer Saison geholt. Australian Open, Wimbledon und US Open – drei Grand-Slam-Titel gewinnt die souveräne Nummer eins der Welt. Wenn, ja wenn da nicht die French Open wären. Die hat der „Djoker“ noch immer nicht gewonnen, auch in seinem Superjahr 2015 nicht. Dabei sieht es lange Zeit so aus, als sei für ihn die Zeit für den Titel in Roland Garros endgültig reif. Paris-König Nadal wird von Djokovic bereits im Viertelfinale geschlagen. Und wie. Ohne Satzverlust. Mit 7:5, 6:3 und 6:1 in zwei Stunden und 26 Minuten.

Der totale Triumph in Paris für den Schützling von Boris Becker scheint Formsache. Doch ein Schweizer hat etwas dagegen. Nicht Roger Federer. Sondern ein Party-Crusher im Badehosen-Look: Stan Wawrinka. Mit seinem attraktiven Stil hat sich Wawrinka über die letzten Jahre zu einem Publikumsliebling gemausert. Nicht nur in Paris, sondern auf der ganzen Welt. In Paris sammelt er 2015 noch einmal Bonus-Punkte, als er die immer wiederkehrenden Fragen zu der bunt gemusterten Hose seines Ausrüsters mit Ironie kontert. „Ihr werdet schon sehen: Jeder wird am Ende diese Shorts haben wollen, wenn ich hier gewinne“, sagt „Stan the Man“ zu Beginn des Turniers. Und „Stan the Man“ behält recht.

Mit seinem Paradeschlag, einer krachend wie trockenen Rückhand die Linie entlang, schnappt sich Wawrinka seinen ersten Roland-Garros-Titel und Djokovic den Traum vom Sieg in Paris vor der Nase weg. 4:6, 6:4, 6:3, 6:4 heißt es am Ende aus Sicht des Schweizers – und Djokovic muss weiter warten. Genauso wie sein Trainer Boris Becker. Das Warten hat im nächsten Jahr dann aber endlich ein Ende.

Boris Becker führt Novak Djokovic 2016 zum Sieg bei den French Open in Paris. Es ist ein eher nüchterner Erfolg. Kein Durchmarsch mit Triumphen gegen die größten Rivalen des Serben. Kein Sieg gegen Nadal. Kein Sieg gegen Federer. Dafür Tomas Berdych im Viertel- und Dominic Thiem im Halbfinale. Das Endspiel bestreitet er gegen Andy Murray, der Nadal und Federer zu dieser Zeit als Nummer-eins-Herausforderer für den Serben abgelöst hat. Beide Spieler setzen im Endspiel auf Fehlervermeidung anstatt auf Attacke. Passend vollendet Djokovic den Matchball beim Stand von 3:6, 6:1, 6:2, 5:4 und Vorteil nicht mit einem furiosen Winner. Eine leichte Rückhand von Murray ins Netz beendet das Match. Der Sieger läuft erst noch zwei Schritte weiter in seine Rückhand-Ecke, bevor er realisiert, dass es vorbei ist. „Jeu, set et match: Djokovic." Es ist geschafft. Noch mehr als Freude zeigt sich die Erleichterung in den nächsten Minuten bei dem Serben. Es wirkt, als sei eine zentnerschwere Last von seinen Schultern gefallen. Er jubelt kaum. Blickt ungläubig zu seiner Box, wo Boris Becker und Co. sitzen.

Ausgelassen wird es nach dem Finalerfolg gegen Andy Murray erst im Laufe des Abends. Djokovic sendet via Facebook live aus einem Auto, wie er und seine Crew über die Champs-Élysées kurven und mehr schräg als schön, dafür umso lauter „Volare" von den „Gipsy Kings" trällern. Sie feiern den Karriere-Grand-Slam. Erst als achter Spieler kann Novak Djokovic alle vier Grand-Slam-Turniere in seiner Laufbahn gewinnen. Djokovic hält alle vier Majors gleichzeitig, als erst dritter Spieler nach Don Budge und Rod Laver. Es ist sein zwölfter Grand-Slam-Titel insgesamt, und der Tenniswelt schwant, dass die Ewigkeit, für die die 17 Grand-Slam-Erfolge von Roger Federer gedacht waren, ziemlich schnell beendet sein könnte. In den nächsten Jahren wird sich diese Befürchtung auch als wahr herausstellen. Allerdings dauert es bis dahin noch. 2016 fällt Triumphator Djokovic nach dem Sieg in Paris in ein tiefes Motivationsloch. Er findet keine neuen Herausforderungen mehr, hat alles erreicht, was er sich als kleiner Junge im vom Krieg gezeichneten Heimatland Serbien vorgenommen hat. Selbst sein engstes Umfeld kann den Seriensieger nicht neu motivieren. Auch Boris Becker nicht. Der Abstand zwischen den beiden Männern wird immer größer.

Daraus macht Boris selbst kein Geheimnis. Er sagt über seinen Schützling: „Nach Paris haben alle Novak gratuliert. Das hat er dann wohl etwas zu sehr genossen und die Vorbereitung vernachlässigt“, so Becker nach dem frühen Aus für seinen Schützling im folgenden Wimbledon-Turnier gegen den US-Amerikaner Sam Querrey in der dritten Runde.

Die Beziehung Becker-Djokovic bekommt immer deutlichere Risse. Und ein Mann bringt diese brüchige Beziehung schließlich zum Einstürzen: José Imaz, genannt Pepe. Der Spanier gehört seit 2012 sporadisch zum Team des Serben. Wie bereits erwähnt, hat Djokovic bei ihm schon seit einigen Jahren die Vorbereitung für die neue Saison in Marbella bestritten. 2016 wird seine Rolle immer bedeutender. Fest zum Team stößt er nach dem French-Open-Titel 2016. Djokovic und Pepe haben auch abseits des Tennis ein enges Vertrauensverhältnis. Pepe hilft Novaks Bruder Marko durch dessen Depression im Jahr 2013, was Novak dem Spanier sehr hoch anrechnet.

Die Philosophie der Imaz-Akademie wird zumeist als „Love-and-Peace“-Ansatz beschrieben. Harmonie. Yoga. Umarmungen. Hippie-Spirit meets Leistungssport. Im Oktober 2016 taucht ein Video auf, dass Djokovic auf einer Bühne mit Imaz und noch weiteren Teilnehmern während einer Gruppen-Meditationsstunde zeigt. Mit auf der Bühne sind Djokovic-Bruder Marko und die slowakische Tennisspielerin Daniela

Hantuchova. Imaz, der seine Lektionen gerne anhand von zwei Kuscheltieren mit dem Namen „Amor“ (Liebe) und „Paz“ (Frieden) eröffnet, sitzt in ein weißes Leinenhemd und eine weiße Leinenhose gehüllt direkt neben Djokovic. Sein Hemd ist zur Hälfte aufgeknöpft. Seine goldene Kette funkelt.

Es gibt mehrere Aufnahmen dieser Situation. Eine dauert zwei Stunden. Darin erklärt der „Guru“ über eine Stunde in einem Monolog sein Streben nach Glück und Harmonie. Die andere Version ist erheblich kürzer. Sie konzentriert sich auf den Superstar Djokovic auf der Bühne. Imaz sagt nur am Anfang ein paar Worte. Danach schweigt er. Hört zu. Djokovic übersetzt einen anderen spanischen Teilnehmer und leitet die Gruppe an. Er erklärt die Kraft von Meditation und lädt die Teilnehmer im Saal und die Zuschauer des Videos ein, mit ihm gemeinsam die Kraft der Gedanken zu spüren. Die (Tennis-)Welt ist irritiert. Die Nummer eins des Tennissports in der Hand einer Sekte. Diesen Eindruck vermittelt der Clip. Was nicht stimmt. Doch dennoch ist die Session in Marbella ein klares Zeichen: Im Leben von Novak Djokovic hat sich etwas verändert. Mit dem neuen, noch mehr nach innerem Glück suchenden Djokovic eckt Boris Becker immer mehr an.

Die Gemeinsamkeiten zwischen Becker und Djokovic nehmen weiter ab. Anstatt auf ihn, Boris Becker, den dreimaligen Grand-Slam-Sieger, der genau weiß, wie es sich anfühlt einen zweiten Aufschlag bei 5:5, 30:30 in einem großen Endspiel zu servieren, hört Djokovic nun zuerst auf den Rat eines ganz in weißes Leinen gehüllten Gurus, dessen Top-Position in der Tennis-Weltrangliste bei Platz 146 lag.

Es läuft auf einen Showdown hinaus. Becker oder Imaz. In der Dokumentation „Boris Becker – Der Spieler“ schießt Becker in einem Interview im Dezember 2016 gegen Imaz, ohne den

Spanier explizit beim Namen zu nennen: „Novak ist die Lichtgestalt, die Sonne. Viele Menschen bekommen etwas Licht ab, die nie vorher Licht bekommen haben. Das vertragen manche nicht. Ich habe meine eigene Sonne. Ich brauche seine Sonne nicht. Wenn ich ihm etwas sage, dann kommt es von Herzen.“

Becker, nicht Djokovic, zieht den Schlussstrich. Der Serbe kämpft um Becker, will mit Imaz und Becker gemeinsam arbeiten. Für Becker ist das keine Option. Er ist aber auch müde von der Arbeit. Die größte Herausforderung in der Arbeit mit Novak Djokovic beschreibt er im Podcast „Einfach mal Luppen“ von Fußball-Star Toni Kroos so: „Er ist ja spielerisch so weit, da muss man ihm auf dem Platz nicht viel erklären. Dennoch sind Einheiten mit ihm unglaublich anstrengend. Novak spielt den Rückhand-Cross zehnmal auf den gleichen Punkt. Genau auf die Linie. Wie ein Uhrwerk. Alles ist in Butter. Der elfte Ball geht daneben. Nur zwei Zentimeter. Sofort blickt er zu dir rüber und verlangt nach einer Erklärung, warum der Ball jetzt nicht dort gelandet ist, wo die zehn vorherigen gelandet sind. Wenn du in wenigen Sekunden keine Erklärung für ihn hast, wird er sehr ungemütlich. Man arbeitet unter einer permanenten Spannung.“ Becker sehnt sich nach Entspannung.

Denn im Privatleben des Deutschen ziehen nach Jahren der Beruhigung auch schon wieder dunkle Wolken auf. 2017 gibt es die ersten Meldungen über finanzielle Probleme der Tennislegende. Für Becker sind jene dunklen Privatinsolvenz-Wolken bereits im Dezember 2016 deutlich näher am Horizont zu erkennen. Nach der Saison 2016 verkündet man in einer gemeinsamen Erklärung das Ende der dreijährigen Zusammenarbeit.

Für beide Seiten geht eine sehr erfolgreiche Kooperation zu Ende. Novak hat in drei Jahren unter Boris Becker die Nummer eins der Welt zurückerobert und sich den großen Traum vom Titel in Roland Garros erfüllt. In die Ära Becker fällt auch die Erkenntnis beim Rest der Tennisgemeinde, dass der Serbe in der Lage ist, neue Bestmarken aufzustellen. Selbst solche, die von Roger Federer oder Rafael Nadal aufgestellt wurden. In den Duellen mit seinen großen Rivalen hat er wieder in den meisten Fällen die Nase vorn.

Der noch größere Gewinner der Beziehung zwischen Novak Djokovic und Boris Becker, vor allem mit dem Fokus auf den deutschen Markt, ist Boris Becker. Als Witzfigur abgeschrieben, legt er als Trainer von Novak Djokovic ein nicht für möglich gehaltenes Comeback im Tennis hin. Er hat es geschafft, sein eigenes Ego herunterzuschrauben und sich den Bedürfnissen seines Schützlings untergeordnet. Boris Becker ist wieder eine große Nummer. Im Tennis. Und auf dem gesellschaftlichen Parkett. Zumindest so lange, bis seine privaten Probleme aus Insolvenz und Scheidung wieder die Schlagzeilen und nicht nur den Boulevard beherrschen.

FOURTH SET

Verzockt

Die ersten Wochen nach der Trennung von Novak Djokovic laufen für Boris Becker widersprüchlich. Immer wieder tauchen Meldungen über finanzielle Schwierigkeiten auf, vorwiegend in Deutschland und seiner Wahlheimat England. Darauf angesprochen, weist Becker diese Darstellungen entschieden bis teilweise überheblich zurück. Von finanziellen Problemen könne überhaupt keine Rede sein. Er lasse sich auch nicht von früheren Geschäftspartnern über den Tisch ziehen und müsse da einfach ein paar Dinge regeln. So lautet die Sicht der Dinge, die Becker öffentlich in einigen Interviews zu diesem Thema verbreitet. Zum Beispiel in einem Gespräch mit der „Süddeutschen Zeitung". Darin sagt Becker unmissverständlich: „Ich bin weder zahlungsunfähig noch pleite."

Ende 2016 gibt es immerhin nur wenige Tage nach dem Trainer-Aus bei Novak Djokovic berufliche Neuigkeiten. Am 7. Dezember 2016 gibt der TV-Sender Eurosport bekannt, dass er den dreifachen Wimbledon-Sieger als Experten verpflichtet hat. Becker soll für den Sender die Grand-Slam-Turniere aus Australien, Paris und New York begleiten und auch bei den Matches als Co-Kommentator auftreten.

Anders als bei der Nachricht zu seinem Trainerengagement bei Djokovic ist man nun sicher: Das kann der Boris. Schließlich hat er sich in den letzten Jahren als Coach eindrucksvoll im Sport zurückgemeldet. Der Tennisexperte Becker wird auch in Deutschland ein Erfolg. Viele, die seine Arbeit als Trainer von

Djokovic nur am Rande verfolgt haben und ihn jetzt auf Eurosport sehen, sind froh, dass sie dort auf den alten Boris treffen. Der, der sich mit Tennis beschäftigt. Der den Zuschauern einen Blick auf den Sport gibt, den nur jemand hat, der Tennis auf einem so unglaublich hohen Niveau ausgeübt hat. Doch neben den positiven beruflichen Schlagzeilen häufen sich auch weiter die negativen Meldungen, die seine Finanzen betreffen. Sie lassen ihn einfach nicht los.

Wie bereits im Kapitel „Third Set" beschrieben, werden im Sommer 2017 die Forderungen von 41,7 Mio. Franken seines ehemaligen Geschäftspartner Hans-Dieter Cleven öffentlich. Und die Schlinge zieht sich endgültig zu: An jenem schicksalhaften 21. Juni 2017 wird Boris Becker durch eine Richterin am Londoner High Court für zahlungsunfähig erklärt.

Die Fragen lauten nun nicht mehr: Out oder in? Longline oder cross? Sondern: Schuldig oder unschuldig? Gefängnis oder Freiheit?

In den ersten Tagen nach der Insolvenzeröffnung versuchen nicht nur immer mehr Personen aus Beckers Vergangenheit auf die Gläubigerliste zu gelangen, sie untermauern auch öffentlich ihren Anspruch. Wenn auch manchmal über Bande – wie bei Sascha Rinne.

Rinne ist circa drei Jahre als Manager an der Seite der deutschen Tennislegende. Normalerweise betreut Rinne mit seiner Kölner Agentur Show-Sternchen wie Pietro Lombardi, Oliver Pocher oder Sänger und ZDF-Moderator Giovanni Zarella. Aber zu dieser Riege gehört Boris auch, als er mit Sascha Rinne zusammenarbeitet. Rinne will das Image der Showperson für seinen Klienten allerdings ändern und Becker wieder stärker in seiner Kernkompetenz Tennis etablieren. So fädelt er 2016 für Becker den Deal als TV-Experte bei Eurosport ein. Als die finanziellen Probleme bei Becker jedoch eskalieren und er dringend Schulden tilgen muss, bittet er Rinne, ihm das TV-Honorar von Eurosport vorzuschießen und es später mit der Zahlung von Eurosport zu verrechnen. Ein Deal unter Freunden, unter Partnern. Ein Deal, wie es ihn auch mit Hans-Dieter Cleven gab.

Als Becker allerdings in London für zahlungsunfähig erklärt wird, erinnert er sich nicht mehr an die Vorauszahlung. Becker plant das Eurosport-Honorar (man spricht von um die 100.000 Euro) für seine Insolvenzmasse ein. Und er geht sogar noch weiter: Rinne habe ihm Honorare vorenthalten. Diese will er vor dem Kölner Landgericht, hier sitzt die Firma von Sascha Rinne, einklagen. Erst als der Londoner Insolvenzverwalter Zweifel an der Becker-Forderung äußert, zieht Becker die Klage vor dem Landgericht zurück. Sascha Rinne landet auf der Liste der Gläubiger. Nicht so weit vorne wie Hans-Dieter Cleven, aber immerhin.

Ein Vorgang, der einen Klienten und alten Bekannten Beckers auf den Plan ruft: Oliver Pocher. Via Social Media lässt er die Welt an dem juristischen Hickhack teilhaben.

Pocher schreibt: *„Bei meinem Freund war es nur in kleinem so. Er hat dich beraten, Dir empfohlen sich mehr auf dein Kerngebiet (Tennis) und weniger Boulevard zu fokussieren.*

Hat Dich im sportlichen Umfeld positioniert. Den Job beim DTB mit ausgedealt, Dich bei Eurosport als Experte positioniert.

Hat immer, wenn die Kohle bei Dir knapp war (also IMMER) dir direkt das Geld überwiesen, bevor die Partner (Fernsehsender etc.) es getan haben.

So war es auch mal wieder am Ende des Jahres 2016 …

(„Du Sascha, kannst Du mir mal 100.000 € überweisen, können wir dann ja mit Eurosport etc. verrechnen.“)

Und dann platzte die Bombe letztes Jahr, Du bist auch offiziell pleite und kannst nichts mehr zurückzahlen, bist aber auch noch so dreist, zu lügen und zu erzählen Du bekommst noch 100.000 € … ergo man wäre quitt!"

Eigentlich stehen die Chancen für Boris Becker im Juni 2017 in London gar nicht schlecht. Das britische Insolvenzrecht (vor dem Brexit) ist für den Zahlungsunfähigen erheblich freundlicher als beispielsweise in Deutschland. Die englische Justiz verfährt mehr nach der Maxime, den Betroffenen auf die Beine zu helfen. Eine Restschuldbefreiung ist in vielen Fällen bereits nach zwölf Monaten möglich. Man kann auch die monatlichen Beträge, die abgeführt werden müssen, frei aushandeln. In England richtet sich die Bemessungsgrundlage stärker am Lebensstandard des Insolventen als in Deutschland. Heißt konkret: Man will dem Betroffenen nicht seinen gewohnten Lebensstandard nehmen. In Deutschland haben dagegen die Forderungen der Gläubiger eine höhere Priorität, und dem Insolventen wird nur das Lebensnotwendigste zugestanden.

Boris Becker erhält diesen englischen Vorzug. Er hat schon lange seinen Wohnsitz in London. In Deutschland ist er nirgendwo mehr gemeldet. Wäre das noch der Fall, hätten seine Gläubiger, insbesondere Hans-Dieter Cleven, auf jeden Fall in Deutschland ein Insolvenzverfahren in die Wege geleitet.

In der deutschen Öffentlichkeit herrscht im Sommer 2017 allerdings gehörig Verwirrung. Die Nachricht der Insolvenz von Boris Becker hat man zur Kenntnis genommen. Parallel tauchen aber permanent Bilder auf, die Becker zeigen, als sei nichts gewesen. Beim Sommerurlaub auf Ibiza. Es gibt Bilder, wie er mit Frau Lilly auf einer Luxusyacht um die Baleareninsel herumschippert. Ganz schön viel Luxus für einen Insolventen. Auch Beckers Insolvenzverwalter in London, Mark Ford, nimmt die Bilder zur Kenntnis. Erst recht, als der Deutsche sich in dem Verfahren gegen ihn nicht sehr kooperativ zeigt. Es geht in London nur sehr schleppend voran. Aber plötzlich erscheint am Horizont die scheinbar einzigartige Möglichkeit für Becker, sich dem Verfahren zu entziehen. Davon ist zumindest Becker überzeugt. Er will sich als Attaché der Zentralafrikanischen Republik auf einen Diplomatenstatus berufen, der ihm Straffreiheit bringen soll. Diplomatische Immunität für Boris Becker – und damit das Ende des Insolvenzverfahrens. So der Plan.

Diese Posse beginnt am 27. April 2018 um 16:48 Uhr: Becker verbreitet ein Bild via Twitter. Das Bild zeigt Becker gemeinsam mit dem Präsidenten der Zentralafrikanischen Republik. Lachend, händeschüttelnd. „Seine Exzellenz, Präsident Professor Faustin-Archange Touadéra, ernannte mich gestern in Brüssel zum Attaché für Sportliche, Humanitäre und Kulturelle Angelegenheiten in der Europäischen Union", verkündet Becker in der Caption zu dem Foto stolz. Der Deutsche glaubt, nun den entscheidenden Joker für sein Insolvenzverfahren zu besitzen. Sein neuer Diplomatenstatus gewähre ihm nach dem Wiener Übereinkommen von 1961 Immunität vor Strafverfolgung, lässt der Deutsche über seine Anwälte verbreiten.

Und tatsächlich: Im Internet taucht kurz darauf der Diplomatenpass von Boris Becker auf. Scheinbar ausgestellt von der Zentralafrikanischen Republik (ZAR). Bei genauem Blick auf das Dokument tauchen bereits die ersten Unstimmigkeiten auf. Es weist Boris Becker offenbar eine völlig andere Aufgabe zu: die eines Attachés für Finanzen – ausgerechnet.

Becker argumentiert aber weiter, Sonderattaché der ZAR für Sport und Kulturelle Angelegenheiten bei der EU zu sein. Außenminister Charles-Armel Doubane bestreitet jedoch vehement, jemals überhaupt irgendein Diplomatendokument für Becker unterschrieben zu haben. Ziemlich schnell taucht auch der Name Stephan Welk in dem Fall auf, und damit wird es nicht seriöser. Welk ist ein deutscher Geschäftsmann aus Nordhessen mit zweifelhaftem Ruf. Er vermittelt Becker das Ausweis-Dokument. Es ist eine seiner letzten Taten in Freiheit. Im August 2019 wird Welk am Frankfurter Flughafen zusammen mit zwei Komplizen wegen des Verdachts auf illegalen Handel mit gefälschten Diplomatenpässen aus Afrika festgenommen.

Der Anlass für die Festnahme: Im Mai 2019 stellt die Bundespolizei nach einer Kontrolle am Frankfurter Flughafen einen Stapel guinea-bissauische Ausweispapiere im Handgepäck einer Kurierin sicher. Mehrere Dokumente waren auf Personen ausgestellt, gegen die in Deutschland ermittelt wird oder die zur Festnahme ausgeschrieben sind. Eine illustre Gesellschaft für Becker.

Ob er wusste, mit wem er sich da eingelassen hat? Bis heute unklar.

Der Traum von diplomatischer Immunität ist geplatzt. Im Hintergrund schüttelt ein Mann immer heftiger mit dem Kopf: Insolvenzverwalter Mark Ford. Er kann einfach kein Entgegenkommen von Becker erkennen. Sein Versuch, sich mit einem Diplomatenpass der Angelegenheit zu entziehen, gepaart mit dem Luxus-Lifestyle sprechen für den Beamten eine deutliche Sprache. Ford will nicht länger warten. Ford wird aktiv: Er will Pokale und Erinnerungsstücke aus der aktiven Tenniszeit der ehemaligen Nummer eins der Welt versteigern.

Im Sommer 2018 können Beckers Anwälte das noch per einstweiliger Verfügung verhindern. Mit der Begründung, das sei zu demütigend für ihren Mandanten. Ein Jahr später ist es dann aber so weit. Online kann man ganz in Ruhe durch alte Pokale, Schläger oder Preise stöbern und schauen, für was man gerne bieten möchte. Ein Bambi vielleicht? Oder doch lieber einen Tennisschläger mit den Initialen „BB“? All das und noch viel mehr hat das Auktionshaus „Wyles Hardy & Co." im Angebot.

Am Ende kommen bei der Zwangsversteigerung 764.000 Euro für die Gläubiger zusammen. Besonders bitter für Becker: Auch Becker-Spezi Oliver Pocher taucht wieder auf und ersteigert zwei Glas-Pokale für etwas mehr als 25.000 Euro und kostet seine Ersteigerung dementsprechend in den Medien genüsslich aus. Einige der bedeutendsten Pokale fehlen jedoch bei der Auktion. Unter anderem sechs Wimbledon-Pokale und die zwei Trophäen, die Becker für seine Siege bei den Australian Open erhalten hat. Becker beteuert, er könne sich nicht erinnern, wo sie sich befinden. Das kann sich wiederum Mark Ford nicht vorstellen, was zum nächsten Kapitel des Insolvenzverfahrens führt. Ford unterstellt Becker nämlich weiter fehlende Kooperationsbereitschaft und hat Zweifel, dass Boris wirklich alles unternimmt, um seine wahren Vermögensverhältnisse offenzulegen. Ford stellt Anträge für die maximale Härte des eher weichen englischen Insolvenzrechts.

Neben den Insolvenzturbulenzen geht es auch privat bei Boris hoch her. Es kommt zur Trennung zwischen ihm und seiner Frau Lilly. Im Frühling 2018 geben beide das Aus ihrer Beziehung bekannt. In der ersten gemeinsamen öffentlichen Erklärung ist gar die Rede von einer „einvernehmlichen" und „freundschaftlichen" Trennung. Das kennt man noch von der Trennung mit seiner ersten Frau Barbara. Auch da war am Anfang öffentlich die Rede von „Freundschaft" und „einvernehmlich". Auch bei seinem zweiten Ehe-Aus ist nach wenigen Wochen von den sensiblen Worten nichts mehr zu spüren. Es fliegen von beiden öffentliche Giftpfeile, und ziemlich schnell ist klar, dass aus der freundschaftlichen Trennung eher ein Rosenkrieg werden wird.

Im November 2019 der nächste Paukenschlag – diesmal wieder einer in Sachen Insolvenz. Die staatliche Insolvenzbehörde verlängert die Insolvenzauflagen für Boris Becker um zwölf Jahre – bis 2031! Als Begründung führt die Behörde an, der dreimalige Wimbledon-Sieger habe Transaktionen aus der Zeit vor und nach dem Insolvenzverfahren in Höhe von 4,5 Mio. Pfund (umgerechnet rund 5,2 Mio. Euro) nicht ordnungsgemäß gemeldet.

Üblicherweise würden Insolvenzbeschränkungen nach einem Jahr aufgehoben, heißt es in der Mitteilung der Behörde. Das Verhalten von Boris Becker habe aber dazu geführt, die Auflagen nun zu verlängern, „um zu verhindern, dass Herr Becker Gläubigern weiteren Schaden zufügt. Insolvente Personen haben die Pflicht, voll mit ihrem Insolvenzverwalter zu kooperieren“, so die Behörde weiter in der öffentlichen Begründung. Wo das nicht geschehe, „muss eine Insolvenzbeschränkung in angemessener Länge dieses Verhalten reflektieren“. Eine konkrete Folge: Nun muss sich Becker sogar bei einem Kredit von 500 Pfund das Okay der Behörde einholen.

Negative Nachricht folgt auf negative Nachricht. Doch Becker ändert sein Verhalten nicht. Mark Ford verliert nun – im September 2020 – gänzlich die Geduld. Er leitet strafrechtliche Ermittlungen gegen Becker ein. Der britische „Insolvency Service“ tritt auf den Plan. In 19 Fällen sprechen die Ermittler von „fehlender Informationsübergabe an die Insolvenzbehörde“. Mal wieder bestreitet Becker die Vorwürfe und kündigt via Twitter an: „Ich bestreite die Anschuldigungen gegen mich und werde mich mit allen rechtlichen Mitteln verteidigen!“

Der Fall wird nach einer Anhörung an den Southwark Crown Court verwiesen. Nun geht es nicht mehr „nur“ um die Abwicklung einer privaten Zahlungsunfähigkeit – nun geht es endgültig um die Frage: Gefängnis oder Freiheit?

So langsam scheint selbst Boris Becker klar zu werden, wie prekär seine Lage ist. Er wechselt noch einmal seine Anwälte, und der Prozess-Start wird von September 2021 auf März 2022 verschoben. Doch am 21. März ist es so weit. Der Prozess gegen Boris Becker in London beginnt.

The Last Dance

24 Anklagepunkte werden von Richterin Deborah Taylor zu Beginn verlesen. Becker plädiert in allen 24 Anklagepunkten auf unschuldig. Aus Sicht von vielen Juristen direkt ein großer Fehler. In Großbritannien besagt die Rechtsprechung: Wenn man sich im Laufe eines Verfahrens schuldig bekennt, muss die Strafe gemindert werden. Juristen, die sich mit dem Fall befasst haben, sehen es so: Becker hätte sich einzelne Tatbestände herausgreifen sollen, bei denen die Sachlage sehr eindeutig ist und bei denen ihm kein Gefängnis droht. In diesen Punkten hätte er sich schuldig bekennen sollen. Das wäre für ihn bereits im Vorfeld wahrscheinlich die Garantie gewesen, den Prozess und den Gerichtssaal mit einer Bewährungsstrafe zu verlassen. Becker und seine Anwälte setzen aber lieber alles auf eine Karte.

Der Prozessauftakt macht deutlich, dass Becker sein Geld nicht für sein Luxusleben verprasst hat, er brauchte es, um den Alltag seiner Familie zu bestreiten. Dieser ist sehr teuer. Miete, Schulgeld, Unterhalt – solche Kostenpunkte werden von seinen Anwälten geltend gemacht. Eine weitere Strategie erweist sich für den Angeklagten als wenig schmeichelhaft. Sie sieht vor, dass man ein Bild von Becker zeichnet, bei dem er von all den Transaktionen und geschäftlichen Aktivitäten in seinem Leben keine Ahnung gehabt habe. Stattdessen habe er sich blind auf seine Berater verlassen. Das entspricht allerdings überhaupt nicht dem Bild, das Boris nach seiner Karriere so gerne in die Welt transportiert hat – beziehungsweise hätte. Man erinnere sich an die von ihm ins Spiel gebrachte „Boris Becker AG“, angelehnt an Marken wie Coca-Cola oder Mercedes. Nun muss er in London auf der Anklagebank mitanhören, wie seine juristischen Vertreter ihm jegliche Business-Kompetenz absprechen, die geistige Kapazität, solche Themen zu verstehen.

Alles sehr unschön, entlarvend und hochgradig peinlich. Aber für Juristen wäre das alles noch nicht prozessentscheidend gewesen, wenn Boris Becker eine Sache an den Tag gelegt hätte. Reue. Aufrichtige, ehrliche, im Gerichtssaal spürbare Reue. Kommunikationsberater hätten ihm eine persönliche Entschuldigung zu Prozessauftakt in Richtung der Gläubiger oder dem Insolvenzverwalter empfohlen. Im Team Becker hatte man jedoch anscheinend die Angst, dass eine solche Entschuldigung als Schuldeingeständnis interpretiert werden könnte. Daher hat man sich einen solchen Schritt nicht getraut. Eine strategische Fehleinschätzung.

So zäh wie die Zeit bis zum Prozessauftakt verläuft, so schnell geht der Prozess zu Ende. Am 8. April 2022, keine drei Wochen nach dem ersten Verhandlungstag, fällt Richterin Deborah Taylor ihr Urteil.

Schuldig in vier von 24 Anklagepunkten.

In diesen vier Anklagepunktepunkten wird Boris Becker schuldig gesprochen:

Anklagepunkt 4: *Boris Becker soll nach seiner Bankrotterklärung am 21. Juni 2017 große Summen auf andere Konten überwiesen haben. 426.930 Euro in Form von neun verschiedenen Überweisungen.*

Anklagepunkt 10: *Becker soll der Insolvenzbehörde eine Immobilie in seiner Heimatstadt in Leimen verheimlicht haben. Es handelt sich um das Elternhaus der Tennislegende.*

Anklagepunkt 13: *Becker soll ein Darlehen der Bank Alpinum in Liechtenstein in Höhe von 825.000 Euro für das Haus in Leimen verschwiegen haben.*

Anklagepunkt 14: *Becker soll 75.000 Aktien der Firma „Breaking Data Corp." verschwiegen haben.*

Aber reicht das für Gefängnis? In England wird das Strafmaß erst einige Zeit nach der Urteilsverkündung bekannt gegeben.

Es reicht.

Richterin Deborah Taylor schickt Boris Becker an jenem 29. April 2022 für zwei Jahre und sechs Monate ins Gefängnis. Bei guter Führung könne er nach der Hälfte der Strafe auf Bewährung hoffen. Die Öffentlichkeit bekommt ihn nach Verkündung des Strafmaßes nicht mehr zu Gesicht. Er muss seine Haftstrafe direkt antreten. Seine Freundin Lilian de Carvalho Monteiro, die ihn zu jedem Prozesstag begleitet hat, verlässt allein das Gericht. Ihr Freund wird in einem Gefangenentransporter weggefahren.

So wie der Prozess gelaufen ist, bewerten Experten das Urteil und das Strafmaß als gerecht. Wenngleich die Chance auf ein milderes Urteil in einer Revision als durchaus wahrscheinlich erscheint – bei einer angepassten Prozesstaktik der Becker-Seite. Doch es ist eine der wenigen Male, dass Boris seinen Kampfgeist verloren hat. Er akzeptiert lieber das Urteil sowie das Strafmaß, anstatt sich in einem erneuten Prozess aufzureiben.

Die ersten vier Wochen seiner Haftstrafe verbringt Becker im berüchtigten Hochsicherheitsgefängnis Wandsworth im Südwesten Londons. Wandsworth ist eines der größten Gefängnisse des Landes und ist im 19. Jahrhundert gebaut worden. Hier sitzt auch unter anderem Wikileaks-Gründer Julian Assange. 2010 berichtet Assange der spanischen Zeitung „El Pais" von seiner Zeit dort: „Dort gab es verrückte Pädophile, die die ganze Nacht immerzu lauthals von ihren Verbrechen erzählt haben. Man hörte ihre Rufe die ganze Nacht hindurch". Auch Musiker Peter Doherty und Schriftsteller Oscar Wilde haben beide in dem Gefängnis eingesessen.

Die Zellen in Wandswort sind 6,5 Quadratmeter klein, und der ehemalige Raum für Hinrichtungen ist heute ein Speisesaal.

Nach vier Wochen in Wandsworth wird Becker nach Huntercombe in Nuffield, rund 70 Kilometer westlich von London verlegt. Hier ist Becker der Häftling mit der Nummer A2923EV. In Huntercombe sitzen ausländische Straftäter, die in der Regel mit einer Abschiebung aus England rechnen können. Die Anstalt hat eine niedrigere Sicherheitsstufe, und die Häftlinge können sich ihren Tag individueller einteilen. So haben sie in Huntercombe beispielsweise die Möglichkeit, Sport zu treiben. Aber auch hier ist Becker nicht allzu lange Gast. Ende 2022 deutet sich an, dass in den Fall Boris Becker Bewegung kommt. Englische Medien berichten gar von einer vorzeitigen Entlassung. Von einer baldigen Abschiebung nach Deutschland ist die Rede. Führend in der Berichterstattung sind die englischen Boulevard-Schlachtschiffe „The Sun" und „Daily Mail". Dank ihrer sehr guten Kontakte in die Justiz spekulieren sie nicht nur. Sie präsentieren in ihrer Berichterstattung über eine baldige Becker-Abschiebung Aktenzeichen und konkrete Zeitpläne.

Ziemlich schnell wird deutlich: Da ist etwas dran – und kurz vor Weihnachten 2022 geht es dann auch ganz zügig.

In den Morgenstunden des 15. Dezember verlässt Häftling A2923EV das Gefängnis Huntercombe. Er wird zum Flughafen gefahren und hebt in einem Privatjet Richtung Deutschland ab. Der Privatjet wird von einem befreundeten Geschäftsmann organsiert. Der Jet landet aber nicht in München, wie von den meisten Journalisten erwartet, sondern in Stuttgart. So kann Becker seine ersten Schritte in Freiheit auf deutschem Boden fernab von wartenden Paparazzi tätigen.

Aber wie ist es überhaupt möglich, dass Becker nach nur 240 Tagen das Gefängnis in England wieder verlassen darf? Das macht das „Early Removal Scheme" möglich. Dabei handelt es sich um ein politisches Programm. Es wurde im Jahr 2006 ins Leben gerufen, um etwas gegen die permanente Überfüllung der englischen Gefängnisse zu unternehmen. Es sorgt dafür, dass Häftlinge, die nicht die britische Staatsangehörigkeit besitzen, vorzeitig aus den britischen Gefängnissen entlassen werden können, um diese zu entlasten. Technisch gesehen läuft es wie eine Abschiebung ab. Es ist keine Entlassung auf Bewährung. In Deutschland hat Becker keinerlei Beschränkungen oder Auflagen. In England allerdings läuft die Insolvenz von Becker zunächst einmal weiter. Sie wurde ja bis 2031 verlängert und bleibt auch weiterhin bestehen – allerdings wirklich nur in England. Möchte der Insolvenzverwalter Mark Ford Geld von Becker zum Beispiel in Deutschland eintreiben, muss er Amtshilfe beantragen und es wird juristisch äußerst kompliziert. Einfacher ist der Fakt, dass Becker nicht zurück nach England darf. In der Regel verpflichten sich die Abgeschobenen, für den Zeitraum der ursprünglich verhängten Freiheitsstrafe nicht nach England einzureisen. So auch Boris Becker.

Zunächst besteht für Boris Becker auch kein Grund, nach England zurückzukehren. Weil seine Freundin Lilian mit im Privatflieger nach Stuttgart sitzt, aber auch, weil Becker in Deutschland gleich einen wichtigen Geschäftstermin hat. Schon im Vorfeld seiner Abschiebung hat er sein erstes Interview nach der Entlassung dem TV-Sender Sat.1 zugesichert. Gegen ein ordentliches Honorar. Von knapp über 500.000 Euro ist die Rede.

Von Stuttgart geht es wenige Tage später nach München. Am 20. Dezember heißt es Showtime für Boris Becker. Zur besten Sendezeit um 20:15 Uhr. Was allen Zuschauern direkt ins Auge sticht: Der Ex-Häftling hat abgenommen. Er kommt mit Freundin Lilian und Sohn Noah in das TV-Studio in München-Unterföhring. Bei seinem Outfit hat er sich für komplett schwarz entschieden. Schwarze Hose, schwarzes Sakko, schwarzes T-Shirt. Sein Dreitagebart sticht grau-meliert hervor. Becker berichtet Moderator Steven Gätjen, der Boris wenige Wochen zuvor bereits im Gefängnis besucht hat, über seine Zeit in der Zelle.

Auch vor Gätjen zeigt Becker keine Reue. Becker bedauert. Erklärt sich und die Umstände. Interpretiert das Verhalten seiner Mitinsassen. Aber aufrichtige Reue? Die sucht man vergebens. Er beharrt sogar darauf, dass die Strategie seiner Anwälte, in allen Anklagepunkten auf unschuldig zu plädieren, richtig gewesen sei. In Zukunft wolle er seine Geschäfte nur etwas gewissenhafter und mit mehr Sinn für die Details angehen.

Immer wieder bricht Boris während des Interviews in Tränen aus. Besonders als er beschreibt, wie er sich von seiner Freundin und dem Rest seiner Patchwork-Familie am Tag der Strafmaßverkündung verabschiedet hat. Sein Sohn Amadeus ist an diesem Tag vormittags noch mal zu ihm in seine Wohnung gekommen, um sich von seinem Vater zu verabschieden. Beim „Goodbye" gab Becker seinem jüngsten Kind noch einen Kuss auf die Stirn und hat ihn mit Tränen in den Augen versucht zu beruhigen.

Das Gefängnis in London, vor allem das erste in Wandsworth, hat der Deutsche dramatisch in Erinnerung. Dreckig, stinkend, gefährlich. So denke er an Wandsworth. Jeden Tag sei es um das nackte Überleben gegangen. Mithäftlinge hätten ihn erpresst und sogar gedroht, ihn umzubringen. Und: „Das erste Mal in meinem Leben bin ich hungrig ins Bett gegangen", erklärt Boris in dem fast dreistündigen Gespräch.

Doch es gab auch positive Überraschungen im Gefängnis, wie Boris in dem teuer erkauften Gespräch mitteilt. Sein alter Widersacher Michael Stich, so Becker, schickte ihm einen dreiseitigen Brief und fand sehr bewegende Worte. Genauso Ex-Davis-Cup-Kollege Patrik Kühnen oder die damalige Chefin des deutschen Damentennis, Barbara Rittner. Dieser Support ehemaliger Kollegen und Kolleginnen habe ihm geholfen, die dunklen Tage im britischen Gefängnis zu überstehen – und Nächte. Diese seien ganz besonders hart gewesen. Regelmäßig habe er Stunde um Stunde wach gelegen und nicht in den Schlaf gefunden. Untermalt von den Schreien anderer Mithäftlinge, die mit Selbstmord gedroht hätten.

Das Mitleid in der deutschen Öffentlichkeit hält sich in Grenzen. So richtig glaubhaft wirkt sein Umdenken nur für die wenigsten. Er stellt sich immer wieder als Opfer dar, übersieht jedoch, dass er als Täter ins Gefängnis gehen musste. Als Täter, der Existenzen bedroht und zerstört hat. Vor allem die frühe Entlassung – oder Abschiebung – wird weiter kontrovers diskutiert. Für viele Deutsche sieht es nach einer Sonderbehandlung für Mister Becker aus, und sie befürchten, dass er mit seiner

VIP-Rückkehr und dem teuer verkauften Interview wieder in alte Muster zurückfällt. Dass er weiter über seine Zeit im Knast öffentlich in Deutschland redet, diese Gefahr besteht jedenfalls nicht. Bei dem Deal mit Sat.1 verpflichtet sich Becker, ein Jahr lang nicht über seine Zeit im Gefängnis zu reden. Eine Exklusivität, die den Argwohn anderer Boulevard-Medien heraufbeschwört. Besonders der Kölner Privatsender RTL und die „Bild"-Zeitung gehen nach dem Sat.1-Interview auffallend hart mit Becker ins Gericht. Doch Becker zieht es nach seiner Rückkehr nicht zu den Medien mit den großen Boulevard-Überschriften. Er will zurück in die Tennisfamilie. Möglichst schnell. Sein alter Arbeitgeber Eurosport empfängt ihn mit offenen Armen. Keine vier Wochen nach seiner Haftentlassung verkündet Eurosport, dass der dreifache Wimbledon-Champion wieder als Experte gemeinsam mit Moderator Matthias Stach im Einsatz sein wird.

Sein Comeback startet bei den Australian Open in Melbourne, die am 16. Januar 2023 beginnen. In der offiziellen Mitteilung will der Sender keine Zweifel aufkommen lassen, dass Becker weiter auf der Höhe des Tennisgeschehens ist. In der Mitteilung heißt es: *„Ich konnte nicht jedes Turnier verfolgen, aber ich habe die BBC und ITV bekommen. So konnte ich in Wimbledon jedes Match verfolgen und bei den US Open die Highlights. Bei den ATP-Finals in Turin konnte ich das Endspiel verfolgen. Also die wichtigsten Partien habe ich gesehen. Was den Sport anbelangt, habe ich meine Hausaufgaben gemacht und fleißig studiert, wer in Melbourne mitspielen will und darf. Insofern glaube ich, ganz gut informiert zu sein."*

Und das sportliche Comeback Beckers wird ein voller Erfolg. Er kommentiert wie gewohnt locker und mit Sachverstand die Matches von „Down Under". Es scheint, als sei er nie weg gewesen. Nur eine Option gibt es nicht: Boris kann nicht live vor

Ort die Matches kommentieren und analysieren, weil mit seiner Verurteilung zu einer Haftstrafe drastische Einreisebeschränkungen in viele Länder auf der Welt für ihn gelten. Auch für Australien. Ein Fakt, der Becker in den nächsten Wochen und Monaten noch vor erhebliche berufliche Probleme stellen wird. Doch zunächst einmal muss er sein privates Umfeld ordnen.

FIFTH SET

Jenseits von Afrika. Dolce Vita. Und ein dänischer Rotzlöffel

Das Jahr 2002 lässt er allerdings erst einmal in weiter Ferne ausklingen. Es geht mit Freundin Lilian nach São Tomé und Principe, rund 200 Kilometer vor der westafrikanischen Küste im Golf von Guinea gelegen. Die zwei Inseln sind die Heimat von seiner Freundin, die mit vollem Namen Lilian de Carvalho Monteiro heißt, und von ihrem Vater Victor, der Verteidigungsminister war und 2014 sogar fast Präsident geworden wäre. São Tomé und Principe hat rund 200.000 Einwohner und ist eine ehemals portugiesische Kolonie. Das Auswärtige Amt unterhält hier keine Botschaft. Aber es gibt immerhin einen deutschen Honorarkonsul. Berühmt ist die Insel für ihren Kakao, der unter Feinschmeckern als Weltklasse gilt. Die Portugiesen haben hier Plantagen mit der Kakaopflanze anlegen lassen. Seit Juli 1975 ist São Tomé und Principe ein unabhängiger Staat. Es gibt keine Direktflüge aus Deutschland, meist fliegt man über Portugal oder Ghana hierher.

So hat es Becker dann auch auf dieses Naturidyll geschafft. Am letzten Tag des Jahres 2022 grüßt er seine Instagram-Follower mit einem Video direkt vom Strand mit freiem Oberkörper. Auffallend: Becker spricht Englisch für den Social-Media-Post. Ins Deutsche übersetzt sagt er mit dem Rauschen des Meeres im Hintergrund:

„Es ist der letzte Tag des Jahres, und ich möchte ein paar Worte an alle meine Lieben und die Menschen richten, die mich respektieren und mir in einem wirklich schwierigen Jahr beigestanden haben.

Ich nenne es das schwierigste Jahr meines Lebens. Aber es ist geschafft. Ich bin lebendig herausgekommen. Ich denke, ich bin gestärkt herausgekommen. Ich denke, meine mentale Gesundheit ist besser als je zuvor. Aber ohne die Hilfe und Unterstützung und Liebe und Wertschätzung von so vielen Menschen hätte ich es nicht geschafft! Also Danke, Danke, Danke! 2022 ist vorbei!

Vielen Dank und bis zum nächsten Jahr, Gott segne euch."

Zurück in Deutschland muss der Ex-Häftling nun aber endgültig entscheiden, wo in Zukunft sein Lebensmittelpunkt liegen soll. Schnell besteht für Becker kein Zweifel mehr: In Deutschland will er nach seiner Abschiebung aus England nicht bleiben. Da seine Möglichkeiten durch seine Einreisebeschränkungen limitiert sind, kommt eigentlich nur ein Land in Europa in Betracht. Es zieht ihn nach Süden. Gemeinsam mit seiner Freundin Lilian geht es nach Italien, genauer gesagt nach Mailand. Das Paar entscheidet sich für eine großzügige Penthouse-Wohnung im Stadtteil Guastalla. Von der Dachterrasse hat man einen traumhaften Blick über Mailand. In einem früheren Inserat wird die Wohnung für eine Miete von 10.000 Euro im Monat angeboten. Billiger dürfte sie seitdem nicht geworden sein. Vor der Tür liegen die Guastalla-Gärten, die so etwas wie die grüne Lunge mitten in der Mailänder City sind. Die vielen Designer-Shops im exklusiven Viertel Quadrilatero d'Oro liegen praktischerweise direkt um die Ecke. Es sind wieder ähnliche Bilder wie kurz vor seinem Insolvenzprozess, die um die Welt gehen. Der in England immer noch in der Privatinsolvenz steckende Becker genießt in und um Mailand Dolce Vita in vollen Zügen.

Noch immer zürnen in Deutschland RTL und die „Bild"-Zeitung über das vertraglich vereinbarte Schweigen der Tennislegende. Dementsprechend unversöhnlich bleibt man in Köln und Berlin Becker gegenüber und hält ihm seinen Lifestyle in Italien vor. Jede Kugel Eis, die er in Mailand verspeist, wird ihm von der „Bild"-Zeitung vorgehalten. So kleinkariert, durchschaubar und nachtragend diese Schlagzeilen sind, bei den Gläubigern kommen diese Bilder fraglos nicht sehr gut an. Sie sehen den freien Becker in Italien, und auf ihren Konten passiert nichts. Weiter ist es so, dass das Insolvenzverfahren gegen ihn in England zwar noch besteht, dass das aber keinen Einfluss auf seine Verdienste im Ausland hat. Hier kann er so viel verdienen, wie er möchte, und muss erst seine Gläubiger in London befriedigen, wenn Insolvenzverwalter Mark Ford das mit Amtshilfe und internationalem Recht durchsetzt.

Wie schwierig bis fast unmöglich das ist, weiß natürlich auch Ford. Im Hintergrund beginnen die Verhandlungen zwischen dem Insolvenzverwalter und der Becker-Seite. Man möchte eine Einigung, die für beide gesichtswahrend ist. Das Ziel: Becker zahlt einen Betrag, mit dem Ford wenigstens etwas an die Gläubiger verteilen kann, und im Gegenzug wird die Insolvenz gegen Becker beendet. Er dürfte dann auch wieder Geschäftstätigkeiten in England ohne die vielen Restriktionen aufnehmen, eventuell sogar wieder nach England reisen. Es wird viel telefoniert und hin- und hergeschrieben zwischen Deutschland, Mailand und London.

Dieses diplomatische Feld überlässt Becker den juristischen Profis. Er kümmert sich lieber um das, womit er sich auskennt. Und das ist Tennis. Für Eurosport ist er weiter im Einsatz, nach den Australian Open 2023 auch bei den French Open 2023. Nur in Wimbledon muss er aussetzen. Da ist er in der Regel auch nicht für Eurosport im Einsatz, sondern für die britische BBC. Als einer der Experten kommentiert er über Jahre für den Sender die Matches an der Seite von anderen Tennislegenden wie zum Beispiel John McEnroe. Aber da Becker im Sommer noch immer nicht nach England einreisen darf, fällt dieser Job weg. Dafür taucht Becker während des Wimbledon-Turniers immer mal wieder für Sky Italia vor der Kamera auf. Wer nicht weiß, dass Boris Becker noch vor wenigen Monaten im Gefängnis gesessen hat, würde das bei seinen Auftritten in der Öffentlichkeit nicht glauben. Zunächst einmal erwähnt er es so gut wie nie. Er spricht maximal von einer „schwierigen Zeit", die hinter ihm liege, oder lässt sich bereits im Vorfeld garantieren, dass dieses Thema nicht zur Sprache kommt. Fast schon bewundernswert abgeklärt schafft er es, in der öffentlichen Wahrnehmung diese dunkle Episode seines Lebens abzustreifen.

Einen Drahtseilakt guten Geschmacks absolviert Becker als Werbegesicht im Sommer 2023. Er wird Testimonial für einen Online-Fenster-Versandhandel. „Schmeißen Sie Ihr Geld nicht aus dem Fenster", ist der Slogan der Kampagne von „fensterversand.com". In einem der TV-Spots steht Becker dabei im Anzug an einem offenen Fenster und wirft Geldscheine aus dem Fenster. In der offiziellen Mitteilung des Unternehmens will Becker darin eine Art Aktionskunst erkennen, die gegen die gezeigten Bilder arbeitet: „Geld nicht aus dem Fenster zu werfen, das ist eine Botschaft, die uns alle betrifft und über die Grenzen Deutschlands hinweg ein Thema ist, gerade in der heutigen Zeit. Deswegen fand ich das so eine spannende Idee und habe schnell zugesagt, nachdem ich das Unternehmen in Stuttgart kennengelernt habe", wird Becker auf der Webseite des Unternehmens zitiert. Ob ihm das gelungen ist, bleibt Geschmacksfrage. Seine Gläubiger dürften dazu ihre ganz eigene Meinung vertreten.

Im Herbst 2023 holen ihn die Schatten der Vergangenheit dann doch sehr praktisch ein. Die Übertragungsrechte in Deutschland für das dritte Grand-Slam-Turnier des Jahres, die US Open in New York, liegen 2023 seit langer Zeit nicht mehr bei seinem Haussender Eurosport, sondern beim Streaminganbieter „Sportdeutschland.tv“. Der neue Player auf dem Sportrechtemarkt muss bei seiner Grand-Slam-Premiere in wenigen Wochen ein komplett neues Team für die Sendungen aufbauen. Dafür setzt man auf Altbewährtes: Boris Becker und Matthias Stach werden exklusiv als Moderations-Duo für die US Open verpflichtet. Doch für Becker gibt es bei der Einreise erhebliche Probleme. Aufgrund des Gerichtsurteils gegen ihn aus London braucht er ein spezielles Visum, um in die USA einzureisen, doch die Entscheidung zieht sich bis kurz vor dem Turnierstart. In den USA ist es für Becker wie in vielen anderen Ländern: Eine Einreise aufgrund seiner Haftstrafe in England ist nicht grundsätzlich ausgeschlossen. Es müssen aber jedes Mal Anträge gestellt und genehmigt werden, damit der Deutsche einreisen kann. Aufgrund von Erfahrungen ist es bei der Länge der rechtskräftigen Freiheitsstrafe (zweieinhalb Jahre) gegen ihn allerdings in den meisten Ländern so gut wie ausgeschlossen, dass er ein Visum erhält. So auch für seine Einreise zu den US Open 2023 in New York. Daher kann Becker als Experte lediglich aus dem fernen Italien zugeschaltet werden. Das funktioniert mehr schlecht als recht. Mal ist er nicht zu hören, mal ist die Verbindung zeitversetzt, so dass sein Partner Matthias Stach und er permanent durcheinanderreden und dann wieder eine gefühlte Ewigkeit warten, um dem anderen nicht ins Wort zu fallen. Beckers Premiere bei „Sportdeutschland.tv“: eher ein Doppelfehler.

Gegen Ende des Jahres gelingt Becker aber noch das Comeback auf der großen sportlichen Bühne. Nach völlig überraschenden Bildern von Boris Becker beim gemeinsamen Training mit dem dänischen Top-Talent Holger Rune in den sozialen Medien verkündet Becker in dem Podcast „Das Gelbe vom Ball", dass er der neue Coach von Holger Rune ist. Sieben Jahre nach der Trennung von Novak Djokovic ist Becker wieder Coach eines Weltklassespielers. In dem Podcast sagt Becker wörtlich: „Ich kann bestätigen, dass ich der Trainer von Holger Rune bin. Es macht mich ein wenig stolz, dass er mich gefragt hat. Der Kontakt besteht schon länger. Jetzt hat es sehr gut gepasst. Holger ist ein Rohdiamant, der Schliff braucht. Mir gefallen seine emotionalen Ausbrüche."

Die Zusammenarbeit mit dem „Bad Boy" aus Dänemark scheint für beide Seiten Sinn zu ergeben. Becker ergänzt das Team von Rune, als die erste sportliche Krise in der Karriere des 20-jährigen Dänen aufkommt. Rune konnte bereits mehrfach Stars wie Novak Djokovic besiegen und bis auf Platz vier der Weltrangliste klettern, verliert im Sommer 2023 allerdings auf einmal immer öfter und muss sich auch für sein Privatleben rechtfertigen. Rune macht seine Beziehung zur italienischen Influencerin Caroline Donzella öffentlich, und vor allem dänische Medien spekulieren, ob Rune sich noch ausreichend auf sein Tennis konzentriert.

Das erste Mal in seiner Karriere hat Rune Probleme, mit dem hohen Erwartungsdruck in seiner bis dato so steilen Karriere umzugehen. Diese Fähigkeit, sich nicht von externen Erwartungen erdrücken zu lassen, ist genau das Thema, bei dem Holger Rune die Hilfe des Deutschen gebrauchen kann. Becker könnte das entscheidende Puzzlestück sein. Becker, der jüngste Wimbledon-Sieger aller Zeiten, auf den sich 1986 alle Augen richten und der das wichtigste Turnier der Welt einfach noch mal gewinnt. Die Rolle von Becker bei Rune gleicht sehr seiner

Rolle bei Novak Djokovic. Becker ist nicht für die Feinheiten in der Ausholbewegung bei der Vorhand verantwortlich – dafür hat Rune ja auch weiterhin seine zusätzlichen Coaches. Becker geht es vor allem um mentale Vorbereitung, Strategie und deren Umsetzung auf dem Platz. Das Rune-Team, in erster Linie Runes Mutter Aneke, verspricht sich eine andere Aura, wenn ein dreifacher Wimbledon-Sieger und eine ehemalige Nummer eins mit in der Box sitzt.

Nach nur vier Monaten folgt aber die Ernüchterung. Das Duo Rune-Becker trennt sich schon wieder. Auch diesmal wählt Becker den Weg über die sozialen Medien, um die Nachricht zu verbreiten. Das schreibt Becker beim Kurznachrichtendienst „X“:

> *„Ich möchte euch mitteilen, dass ich mit sofortiger Wirkung als Cheftrainer von Holger Rune zurücktreten werde. Wir haben diese Partnerschaft mit dem ursprünglichen Ziel begonnen, die ATP Finals Ende letzten Jahres zu erreichen. Aber im Laufe der Zeit habe ich erkannt, dass ich für Holger viel mehr zur Verfügung stehen muss, als ich kann, um erfolgreich zu sein. Aufgrund beruflicher und privater Verpflichtungen kann ich Holger jetzt nicht das geben, was er braucht. Ich wünsche ihm nur das Beste und werde immer sein Fan Nr. 1 sein. Ich habe diese gemeinsame Reise sehr zu schätzen gewusst. BB“*

Was Becker hier allerdings verschweigt: Es kommt zu Unstimmigkeiten zwischen dem Rune-Clan und Becker, weil die praktische Zusammenarbeit mit einem verurteilten Straftäter sich doch als schwieriger herausstellt als gedacht. Und auch als schwieriger, als Becker es der Seite von Rune verkauft hat. Gerade in einem globalen Sport wie dem Tennis.

Bei den Australian Open 2024 erklärt Becker noch, dass er nur „Down Under“ nicht vor Ort sein kann, weil er für Eurosport als Experte in München arbeiten müsse. Wieder einmal verschweigt er die Kleinigkeit, dass er mit seiner zweieinhalbjährigen Haftstrafe im Gepäck nie in das Land hätte einreisen dürfen. Dasselbe gilt zu diesem Zeitpunkt noch für eine Einreise in die USA und selbstverständlich auch weiter für eine Einreise nach England, dem Ort seiner Verurteilung. Bei drei von vier Grand-Slam-Turnieren hätte der vorbestrafte Becker nicht einreisen dürfen. Das macht eine Zusammenarbeit sehr schwierig – bis unmöglich. Dass eine Zusammenarbeit mit Holger Rune jedoch auch ohne fehlende Visa schwierig geworden wäre, zeigt sich wenig später in der Netflix-Dokumentation „Break Point“. Darin demonstriert Rune eindrucksvoll sein Diventum. Rune ist sehr wechselhaft. Auf und abseits des Platzes. In „Break Point“ trennt sich Rune von seinem damaligen Trainer Patrick Mouratoglou, weil er ihm angeblich nichts mehr beibringen kann. Nur um Mouratoglou wenige Tage später eine SMS zu schreiben, dass er ihn doch wieder dringend braucht. Der französische Star-Trainer kehrt zurück zu Rune. Doch womöglich fehlt dem Dänen noch die Reife, um die in ihn gesteckten Erwartungen erfüllen zu können. Und dabei konnte ihm auch Boris Becker in der kurzen Zeit nicht helfen.

In den sozialen Medien gibt es auch noch ein kleines Nachtreten. Als Rune sich für das Wimbledon-Turnier 2024 vorbereitet und auf den Bildern sein Coach Patrick Mouratoglou nicht zu sehen ist, fühlt sich Becker bemüßigt, mal nachzufragen. Allerdings nicht direkt, sondern über „X“. Er setzt einen Post Richtung Holger Rune ab. *„Kurze Frage, ich habe Mouratoglou in London gesehen, aber nicht mit Rune in Wimbledon … arbeiten sie noch zusammen?“* heißt es dort. Der

Original-Post von Becker ist von ihm auf Englisch verfasst worden.

Rune ist angesichts der Textnachrichten, die er anscheinend immer noch privat mit Becker austauscht, überrascht, dass der dreifache Wimbledon-Champion aus Deutschland ihn nicht persönlich gefragt hat, was los ist, sondern „X" zur Kontaktaufnahme benutzt. „*Es ist sehr seltsam, dass du mir diese Frage nicht direkt stellst, wenn wir uns über andere Themen unterhalten. Die Antwort auf deine Frage ist ja, wir arbeiten zusammen und führen Turniere wie geplant durch*", antwortet der Däne direkt auf Beckers Tweet.

In der nächsten Runde dieser Online-Posse sorgt Becker doch noch für etwas Entspannung und bedankt sich bei Holger Rune für die Info.

Aber es bleibt dabei – Holger Rune und Boris Becker: Das war nur auf dem Papier ein „Perfect Match".

… und es werde Licht

Im April 2024 gibt es für Becker erfreuliche Nachrichten aus London: Seine Anwälte und Insolvenzverwalter Mark Ford kommen zu einer Einigung. Die britische Insolvenzbehörde bestätigt, dass Beckers Insolvenz aufgehoben wird. Damit enden nach Angaben der Behörde alle Auflagen im Zusammenhang mit diesem Verfahren. Becker selbst äußert sich gar nicht mehr zu den juristischen Vorgängen rund um seine Insolvenz. Das übernimmt sein Münchner Anwalt Christian-Oliver Moser. „In Folge einer Einigung mit seinen Insolvenzverwaltern wurde die in 2017 eröffnete, private Insolvenz von Boris Becker durch eine gestrige Entscheidung des High Court in London rechtskräftig beendet", so der Jurist.

Am 1. Mai 2024 entspricht der britische High Court of Justice offiziell dem Antrag Beckers, die Bankrotterklärung vom 21. Juni 2017 wieder aufzuheben. In dem öffentlich einsehbaren Dokument heißt es, Becker habe sich nach der Einschätzung des Gerichts nach Kräften bemüht, mit seinen Gläubigern zu einer Einigung zu kommen und deren Forderungen nach seinen Möglichkeiten zu entsprechen. Nicht geklärt werden kann aber der Verbleib von einigen Trophäen Beckers, die Insolvenzverwalter Mark Ford zur Versteigerung freigeben wollte.

Eine wichtige Einschränkung bleibt jedoch zunächst noch bestehen: Becker darf weiter nicht nach England einreisen. Laut englischen Medien wird dieses erst im Herbst 2024 aufgehoben. Dann darf Becker wieder nach England, was auch privat für ihn erhebliche Erleichterungen bedeutet. Sein ältester Sohn Amadeus lebt bei Mutter Lilly in London. Lilly Becker hat inzwischen einen neuen Partner. Sie ist mit dem Düsseldorfer Sportmanager Thorsten Weck liiert.

Auch im Liebesleben von Boris Becker gibt es im Sommer 2024 Neuigkeiten. Wieder ist es an Anwalt Christian-Oliver Moser, die Nachricht zu verkünden. Er bestätigt die Verlobung von Boris und Lilian, die rund um das Filmfestival in Cannes stattgefunden haben soll. Becker selbst, das fällt auch bei diesem Thema auf, sagt nichts zu den Veränderungen in seinem Privatleben. Hier scheint tatsächlich eine Änderung in seinem Verhalten stattgefunden zu haben.

In Cannes fällt einigen Reportern der neue Ring am Finger von Lilian de Carvalho Monteiro auf. Noch im Jahr 2024 soll die Hochzeit des Paares in Portofino an der italienischen Riviera, südöstlich von Genua, stattfinden. Die Einladungen für die Hochzeit sind bereits verschickt. Es soll eine große Feier über ein Wochenende werden – mit Polterabend und einem rauschenden Fest einen Tag danach. Lilian wäre damit die dritte Frau Becker. Auch die letzte? Im Frühjahr posiert das Paar auf dem roten Teppich an der Côte d'Azur für den Film „Nasty – More Than Just Tennis". Die Dokumentation dreht sich um den früheren rumänischen Tennisspieler Ilie Năstase. Năstase ist ebenfalls ein früherer Schützling von Beckers Ex-Manager Ion Tiriac. So finden auch Becker und Tiriac in Südfrankreich mal wieder zusammen.

Es sind nostalgische Bilder, fast ein Stück Zeitgeschichte, die von Cannes in die Welt gesendet und gepostet werden. Boris Becker und Ion Tiriac Seite an Seite auf dem roten Teppich. Vor den Augen der Weltöffentlichkeit. Tiriac ist in diesem Moment 85 Jahre alt. Der reichste Mann Rumäniens mit einem geschätzten Vermögen von 2,1 Mrd. US-Dollar. Ein mehr als gemachter Mann.

Neben ihm ist sein Ex-Schützling, den er einst zum bestverdienenden Sportler der Welt geformt hat und der nun im Alter von 56 Jahren die Privatinsolvenz überstanden hat. Genauso wie eine Gefängnisstrafe.

Nun ist es ein Reflex, dieses Bild als das eines gemachten Mannes neben einem Gescheiterten zu betrachten. Und für Tiriac mag das fraglos zutreffen. Wenn man „gemacht" als finanziellen Erfolg definiert, ist der Rumäne ohne Diskussionen ein gemachter Mann. Ob er damit auch sein Glück gefunden hat, steht auf einem anderen Blatt. Tiriac spricht seit jeher so gut wie überhaupt nicht über sein Privatleben. Er lässt in der Öffentlichkeit nichts und niemanden an seinen Gefühlen teilhaben, antwortet auf Fragen einsilbig. Nicht unfreundlich oder unsympathisch. Aber immer aus einer für ihn sicheren Distanz.

Eine solche Distanz hat es bei Boris Becker nie gegeben. Er hat sein Herz, seine Seele immer mit der Welt geteilt. Das hat ihn verletzlich gemacht, seine wunden Punkte wurden sichtbar. Aber es hat ihn auch menschlich gemacht. Seine Fans und Gegner konnten mit ihm leiden. Während seiner legendären Tennismatches genauso wie bei seinen privaten Dramen.

Kaum ein anderer Sportler in der Größenordnung von Boris Becker ist so tief gefallen – und wieder aufgestanden.

Für ihn ist das Leben wie ein Tennismatch. Eines in einem Grand-Slam-Turnier über volle fünf Sätze. Über diese Distanz geht jeder Spieler mal durch Tiefen, verliert Sätze, kämpft sich zurück und lässt letztlich seine Seele auf dem Platz. Die ersten beiden Sätze in seinem Leben hat Boris Becker klar gewonnen. Er hat einen Traumstart hingelegt. Mit 17 Jahren hat er Wimbledon gewonnen, bis heute ist er der jüngste Wimbledon-

Champion aller Zeiten. Ein Jahr später hat er als 18-Jähriger dem Druck des Titelverteidigers standgehalten. Die Welt blickte auf diesen Teenager und wollte sehen, ob er nur ein One-Hit-Wonder war. War er nicht. Unter maximalem Druck zeigte er maximale Leistung noch vor seinem 20. Geburtstag.

Der dritte Satz im Leben von Boris verläuft lange ausgeglichen. Es geht in den Tiebreak. Doch hier versagen ihm die Nerven. Becker verliert diesen Satz und ist im vierten Satz völlig von der Rolle. Nichts will mehr gelingen, jede Entscheidung, die er trifft, ist die falsche. Schlimmer geht's nimmer.

Es geht in den fünften und entscheidenden Satz. In diesem Satz befindet sich Boris Becker gerade. Dieser Satz wird entscheiden, ob er als Verlierer oder Gewinner auf der Bühne des Lebens in Erinnerung bleiben wird. Und Boris Becker hat sich entschieden, in diesem fünften und entscheidenden Satz das zu machen, was ihn schon als Tennisspieler ausgezeichnet hat: Er kämpft. Kämpft bis zum letzten Ballwechsel. Aufgeben ist keine Option.

Die Glaskugel

Zum Entstehungszeitpunkt dieses Buchs ist Boris Franz Becker 56 Jahre alt. Einige Sachen in seinem Leben werden sich nicht mehr ändern. Sie stehen für die Ewigkeit. Boris Becker hat dreimal Wimbledon gewonnen. Er ist der jüngste Wimbledon-Sieger aller Zeiten. Bei den Entwicklungen im Tennis der letzten Jahrzehnte ist davon auszugehen, dass dieser Rekord auch sehr lange Bestand haben wird.

Insgesamt sechs Grand-Slam-Turniere kann er in seinem Leben gewinnen. Er ist die Nummer eins der Weltrangliste gewesen. Am 28. Januar 1991 führt ihn die Rangliste zum ersten Mal auf dieser Position. Ein weiteres Mal im Sommer desselben Jahres sollte folgen. Bei den Olympischen Spielen 1992 in Barcelona hat er Gold gewonnen. In der Statistik der ATP sind von ihm 927 Matches als Profi vermerkt. 713 davon konnte er gewinnen. 214-mal ist er als Verlierer vom Platz gegangen. 49 Turniere hat er gewonnen. Mit der deutschen Mannschaft hatte Becker bei den Davis-Cup-Siegen 1988 und 1989 entscheidenden Anteil. Er ist der erfolgreichste deutsche Tennisspieler aller Zeiten.

Von seiner ersten Frau Barbara Becker ist er geschieden. Zwei Kinder sind aus der Ehe hervorgegangen – die Söhne Noah und Elias. Noah erblickt am 18. Januar 1994 das Licht der Welt, sein Bruder Elias am 4. September 1999. Ihre Stiefschwester Anna kommt am 22. Januar 2000 auf die Welt. Sie wird von Becker und Angela Ermakova 1999 am Abend seines letzten Matches in London gezeugt.

Das Landgericht München verurteilt ihn am 24. Oktober 2002 wegen Steuerhinterziehung zu einer Freiheitsstrafe von zwei Jahren, die zur Bewährung ausgesetzt wird.

Am 12. Juni 2009 heiratet Boris Becker in St. Moritz zum zweiten Mal – das niederländische Model Sharlely „Lilly" Kerssenberg. Am 10. Februar 2010 kommt ihr gemeinsamer Sohn Amadeus auf die Welt.

Von Dezember 2013 bis Dezember 2016 ist Becker Trainer des serbischen Tennisspielers Novak Djokovic. Unter seiner Führung klettert Djokovic im Juni 2014 wieder auf Platz eins der Weltrangliste und gewinnt während der Zusammenarbeit mit Becker zahlreiche Grand-Slam-Turniere.

Am 21. Juni 2017 erklärt eine Richterin am Londoner High Court Boris Becker für insolvent. Im April 2022 wird Boris Becker in seinem Prozess wegen Insolvenzvergehen in vier von 24 Anklagepunkten schuldig gesprochen. Und am 29. April 2022 wird Boris Becker schließlich zu zweieinhalb Jahren Haft verurteilt. Boris Becker wird im Dezember 2022 mithilfe des „Early Removal Scheme" vorzeitig aus der Haft entlassen und nach Deutschland abgeschoben.

Mit seiner Freundin Lilian de Carvalho Monteiro zieht Becker kurz nach seiner Abschiebung nach Italien. Das Paar bezieht eine Mailänder Wohnung. Im Frühling 2024 gibt Boris Becker die Verlobung mit Lilian bekannt.

So weit die Inventur des Lebens von Boris Becker in Kurzform.

Alles hat angefangen mit einem kleinen blonden Jungen aus Leimen, der nichts mehr wollte, als mit dem von seinem Vater abgesägten Holzschläger gegen einen Tennisball zu schlagen. Viel ist passiert in den ersten 56 Jahren im Leben von Boris Becker. Sehr viel. Auf einiges hätte er mit Sicherheit gern verzichtet, anderes dagegen bestimmt gerne länger genossen.

Was passiert in den nächsten 56 Jahren im Leben von Boris Becker? Vielleicht verrät es ein Blick in die Glaskugel. Es ist eine völlig subjektive Glaskugel, die das bisherige Leben von Boris Becker als Grundlage für ihre Aussagen nimmt und die bei der Person Boris Becker genauso hin- und hergerissen ist wie der Rest der Welt:

Boris Becker wird noch ein weiteres Mal heiraten.

Boris Becker wird noch einmal Vater werden.

Boris Becker wird niemals Alexander Zverev trainieren.

Boris Becker wird nie ins RTL-Dschungelcamp einziehen.

Boris Becker wird noch einmal als Angeklagter vor Gericht stehen.

Boris Becker wird wieder in Deutschland leben.

Boris Becker bleibt für immer sportlich unantastbar.

Eine Legende.

Ein Stück deutsche Geschichte. Ein Stück meiner Geschichte.

Zeit, Danke zu sagen

Dieses Buch wäre ohne die Hilfe von zahlreichen Menschen nicht zustande gekommen. Zuallererst niemals ohne mein Frau Rike. Du bist mein Anker und meine schärfste Kritikerin gleichzeitig. Wenn ich dir selbstbesoffen eine weltverändernde Satzkonstruktion präsentiere, dann kommt von dir in vielen Fällen ein: „Verstehe ich nicht." Oder wenn wieder mal nur ich der Meinung bin, die beste Ironie in Worte gebracht zu haben, ein: „Nicht lustig."

Danke für deine Ehrlichkeit. Deine Geduld. Deine Liebe.

Noch vor wenigen Jahren war es nur ein kleiner Mensch, dem ich für alles Gute danken wollte, was in meinem Leben so passiert. Schnell kam ein zweiter dazu. Inzwischen sind es gar drei. Justus, Josefine und Carl: Wenn ich beim Schreiben für dieses Buch mal wieder in Zynismus und falsch verstandener Professionalität mich zu verlieren drohte, musste ich nur mit dir, Justus, zu einem Fußballturnier aufbrechen, mit dir, Josefine, zum Turntraining fahren oder dir, Carl, deine ersten Fußballschuhe schnüren, und nach wenigen Minuten habe ich gesehen, was pure Leidenschaft bedeutet. Jenseits von Verkaufszahlen, Marketing und einer Brand Experience.

Für diesen Blick kann ich euch nicht genug danken. Ich wünsche euch vom ganzen Herzen, dass ihr diese Leidenschaft nie verliert und nach dem Leben mit vollen Händen greift. Oder frei nach dem leider viel zu früh verstorbenen Roger Cicero: „Wenn du die Wahl hast, ob du stehen bleibst oder tanzt, dann hoff ich, dass du tanzt!“ Auf meiner Tanzkarte ist für euch immer ein Platz frei.

Natürlich wäre dieses Buch auch niemals entstanden ohne die vielen Bekannten, Freunde, Kontakte, die mir Einblicke in das Leben von Boris Becker gewährt haben. Die sich mir geöffnet haben und für deren Vertrauen ich mich bedanke.

Wir sehen, sprechen, lesen, hören uns.

Zum Autor

privat

Daniel Müksch (Jg. 1980) war Profispieler des Deutschen Tennis Bundes. Nach Studium der Sportwissenschaften volontierte der Wahl-Münchner beim „Focus Magazin" und besuchte die Deutsche Journalistenschule. Zusammen mit Lena Cassel betreibt er den Podcast „Playing Dirty", über kleine und große Verbrechen im Sport. Im Verlag Die Werkstatt erschien von ihm bereits die Biografie „Novak Djokovic: Ein Leben lang im Krieg".

Bibliografische Information der Deutschen Nationalbibliothek:
Die Deutsche Nationalbibliothek verzeichnet diese Publikation
in der Deutschen Nationalbibliografie; detaillierte bibliografische
Daten sind im Internet über http://dnb.d-nb.de abrufbar.

Auch als E-Book erhältlich: ISBN 978-3-7307-0729-6

1. Auflage

Siekerwall 21, D-33602 Bielefeld
www.werkstatt-verlag.de

Coverfotos: Jens Koch (oben), DPA/PA/Rüdiger Schrader (unten)
Lektorat: Katharina Dahme, Andreas Beune
Gesamtherstellung: Die Werkstatt Medien-Produktion GmbH, Göttingen
Druck und Bindung: Friedrich Pustet GmbH & Co. KG, Regensburg

ISBN 978-3-7307-0711-1